소리 내어 울지 못하는 엄마들에게

소리 내어 울지 못하는 엄마들에게

울음을 삼키고 억누르는
엄마들을 위한 눈물 메세지

노땅맘 지음

CONTENT

6장 자신을 따뜻하게 대해요

원없이 실컷 울고싶어요

설거지를 하다 눈물이 뚝뚝 흘러내릴 때,
아이 키우다 그대로 주저앉아 울고 싶을 때,
어릴 적 그때처럼 소리내어 엉엉 울고 싶을 때
그럴 때 있으신가요?

누군가의 위로가 어색했어요.
기대다 보면 다시 일어날 수 없을 것 같았어요.
기대다 보면 짐이 될 것 같았어요.

기쁨은 나누면 배가 되고
슬픔은 나누면 반으로 준다는데
기댈 곳도 없고 나눌 곳도 없고
나눌수록 부담이 되더라고요.
슬픔은 기대기 힘들더라고요.
점점 더 무기력해져만 갑니다.

TV프로그램을 보면 울면 분위기 이상하게 만든다고

그러지 말라고 하는 세상. 울면 약하다고 생각하는 세상. 안심하고 울고 싶어요. 누군가의 눈치없이 내 안의 억눌림 없이 원없이 실컷 울고 싶어요.

숨죽여 우는 눈물이
억눌러 삼키는 눈물이 힘들 때
너무 힘들어 그대로 주저앉아 울고 싶을 때
이 책이 누군가에게 부담되게 나누는 슬픔이 아니라
옆에서 같이 토닥토닥해주는 책이 되었으면 좋겠어요.

크리넥스 티슈처럼 쓱쓱 닦다 얼굴에 달라붙어도 누가 뭐라 하지 않고, 말라붙은 티슈 세수하며 쓱 버려버리는 것처럼 그렇게 누군가의 위로와 공감이 되었으면 좋겠어요. 자신의 얼굴에 스르르 맺히는 눈물이 소중하다는 것을 우리는 모르는 것이 아니라 잊어버리고 있었어요.

이 책을 왜 쓰냐고요?
누군가의 크리넥스 티슈가 되고 싶어 써요

노땡맘

눈물을 삼키고 삼키다 목이 아파서

애쓰며 살고 있나요?

오늘도 어김없이 아침은 옵니다. 하루를 시작해요. 그래 이렇게 사는 거지. 그래 지금 잘 살고 있는 거야. 나름 괜찮게 잘 지내고 있는 줄 알았어요. 그러나 내면에서 울컥울컥 올라옵니다. 뭔가가 잘못되었어요. 너무나 평온해 보이지만 평화를 가장하며 살고 있는 느낌이에요.

애쓰고 살고 있구나하는 생각이 들어요. 애쓰면 나아지리라 생각했어요. 착각이었어요. 애쓰니 지치고 지치니 더 애쓰게 되었어요. 내 삶보다는 우선 아이의 삶이 우선이었어요. 가정의 평화가 우선이었어요. 그런 삶을 살다 보니 자기 자신이 보이지 않아요. 스스로를 돌보지 않는 자신이 가족을 돌보며 살아요.

그러니 애를 쓸 수밖에 없어요. 자기 자신조차 제대로 돌보지 못하는데 다 돌보고 살려니 모든 것이 버겁고 힘들어요. 결국에는, 언젠가는, 터져버리는 화산같은 삶을 살고 있어요. 자기 자신조차 제대로 존중하지 않으면서 내 아이를 존중하며 잘 키워보겠다고 육아를 하고 있어요. 가정에서 어떤 일이 있어도 강해져야만 하는 엄마라는 자리에서 그저 눈물을 삭이고 숨기고 삼켜야 했어요.

우리는 이렇게 각자의 자리에서 애를 쓰며 살고 있나 봐요. 그러니 더 자신의 삶이 버겁고 엄마의 삶이 치칩니다. 자기 자신을 책망하고 더 열심히 긍정적으로 생각하라며 더 열심히 자신을 채찍질합니다. 그러다 아예 다른 사람이 되려고 해요.

정신무장을 하고 어금니를 꽉 깨물고 다른 인간이 되려 오늘도 애쓰며 살고 있어요. 진짜의 자기 자신은 저기 버려버리고 그러면서 올라오는 울컥함을 애써 누르고.

오늘도 애쓰며 살고 있나요?

설거지를 하다 눈물이 뚝뚝뚝

우리의 설거지는 등을 돌리고 혼자 일만 하기 딱 좋은 구조죠. 주방 씽크대 앞에서 등 돌리고 혼자 그렇게 뭘 해요. 아기가 설거지할 때 그렇게 매달린 것도 뭐하는지 궁금해서인가 봐요. 그거 그만하고 자기 좀 봐달라고 그렇게 엄마 다리잡고 매달렸나 봐요.

뒤에서 칭얼대는 아기에게 우린 그럽니다. 응 이 설거지만 끝내고. 말을 알아듣지 못하는 아기에게 이해해달라는 듯이 말이죠. 등 돌리고 그릇들을 하나하나 수세미로 문지르고 헹궈요. 무한 반복의 일상이죠. 얼마나 기계적인지 그저 문지르고 헹구고의 반복입니다. 식기세척기도 생기며 요즘 엄마들 살기 좋은 세상이라고 얘기해요.

가전의 발달이 엄마의 품을 줄여주지만 엄마의 노동으로 가정이 돌아가는 것은 변함이 없어요.

설거지를 하는 행동은 기계적 반복이지만 뇌 속은 활발히 움직이고 있었나 봐요. 문득 눈물이 스르르 맺히고 이내 뚝뚝뚝 떨어집니다, 눈앞이 뿌예져도 그릇이 잘 안 보여도 그저 문지르고 헹구고 반복합니다. 아무렇지 않은 듯 얼굴에 튄 물기를 닦는 듯이 어깨로 쓱쓱 닦고 그릇을 헹궈요. 누가 보면 엄청 구박당한 신데렐라가 설거지를 하고 있는 줄 알겠어요.

설거지라는 행위는 지저분한 것을 깨끗하게 하는 행위잖아요. 깨끗해지는 그릇을 보며 기분이 상쾌하고 개운해져야하는 거잖아요. 엄마들마다 다양한 설거지를 합니다. 가정에서는 여러 명이 모여 설거지를 하지 않잖아요. 설거지를 하는 혼자만의 시간에 유튜브를 켜놓기도 하고 라디오를 켜놓기도 하죠. 음악을 들으면서 하기도 하고 간단한 강의를 들으면서 하기도 하고 아무 생각 없이 후딱 해치워버리자는 마음으로 하기도 하죠.

이런 기계적인 반복행위를 하다 스르르 눈물이 고여 뚝뚝 떨어지는 모습에 당황스러워요. 후딱 눈물을 물인냥 닦는 자신의 모습이 아무렇지 않아요. 늘상 그래왔다는 듯이 너무나 자연스럽게 쓱 닦아요.

꾹꾹 눈물을 안 보이려 끝까지 등을 돌리고 있는 자신의 모습에 어느 날 서글픔을 느꼈어요. 왜 뒤돌아서서 눈물을 훔치고 눈물을 감추고 눈물을 숨겨야 하는지 서글픔을 느꼈어요.

엄마는 주방 씽크대 앞에서 눈물이 그렁그렁한 채 설거지를 해요. 빨개진 눈을 그 누구에게 들키지 않으려고 한참을 그렇게 서서 열기를 식혀요. 그렇게 식힌 열기 짐짓 아무렇지 않은 척 손을 쓱쓱 닦고 아이에게 와요. 눈물을 훔치며 식히며 온 엄마 뒤에서 할 일을 하며 기다리는 아이.

그때는 왜 몰랐을까요? 내 아이가 눈물을 훔치는 엄마의 뒷모습을 보고 있다는 것을요.

애써 웃음 지어보려 해도 어색한 웃음만

아이들의 미소는 참 매력 있어요. 순수하며 환하며 밝아요. 우리도 아이의 그 환한 미소를 지으며 살았었는데 말이죠. 밝게 웃으며 뛰어놀던 그 시간들이 있었는데 말이죠. 나이가 들어갈수록 자신의 얼굴에 책임을 져야한다고 하죠. 나이가 들어갈수록 얼굴은 그 사람의 살아온 인생을 대변한다고 하죠. 나이 들수록 얼굴에 삶의 흔적이 고스란히 남아있어요. 아 저분은 참 고생 많이 하고 사셨나보다. 저 분은 참 곱게 나이 드셨네. 그렇게 얼굴을 보며 생각을 해요.

고생을 많이 해서 비록 삶의 주름이 깊지만 얼굴이 평온한 분들이 있잖아요. 그러신 분들을 보면 균형잡힌 삶을 위해 내면을 들여다보고 사셨구나 느껴져요.

본의 아니게 그러셨든 아니든 삶은 척박하지만 하루하루의 일상을 뚜벅뚜벅 걸어오셨구나 느껴져요.

그런 노년을 꿈꾸며 나이 들수록 얼굴에 책임을 지는 삶을 살아야지 해요. 찡그리며 부정적으로 생각하면 그런 얼굴이 되어버리니까 가급적이면 환하게 웃어야지 해요. 밝게 웃어야지 합니다. 그런데 웃음이 안 지어져요. 애써 웃지만 힘없는 미소와 어색한 입꼬리만 남아있어요.

나이가 들어갈수록 얼굴근육이 굳는다는데 그래서인가 라며 얼굴근육을 풀어주려 마사지를 해요. 풀렸나하는데도 웃음이 안 지어지고 굳은 얼굴만 있어요. 피부도 좋아질 기미를 보이지 않아요. 귀찮아요.

긍정적인 생각을 하자 해요. 좋은 생각을 해요. 좋은 글귀를 읽고 마음에 새기고 고개를 끄덕끄덕해요. 그래 맞아 이런거지. 이렇게 해야지. 모든 책과 강연과 전문가들이 이야기를 하잖아. 긍정적인 사고를 가지라고. 긍정적인 생각이 삶을 바꾼다고 그러잖아요. 힘들고 어려울수록 긍정적인 생각을 가져야 잘 헤쳐 나갈 수 있다고 하잖아요. 그런데 자신은 왜 그럴까요? 긍정이 답이 아닌가 봐요.

책을 찾아 헤매다 발견해도 책을 덮는 순간 자신은 그 자리 그대로 있어요. 뭘 읽고 느낀 거지?

명상은 자신을 돌아보고 관찰하는 데 좋다고 해서 명상을 해요. 좀 더 자신의 내면에 집중 해야겠다 해요. 눈을 감고 호흡에 집중하고 들이마시고 내쉬고 마음에 평화를 찾아요. 참 평화로워요.

마음은 조금씩 가라앉고 편안해져요. 그런데도 웃음이 안 지어져요. 아무리 인풋을 넣어도 아웃풋이 안 나와요. 뭔가 이상해요. 자기계발서적을 아무리 읽어도 자기계발이 안 되는 것처럼 뭔가를 자꾸 하는데도 변화는 없어요.

노력할수록 더 노력을 요하는 것 같아요. 애쓸수록 더 힘들어지는 것 같은 생각이 들어요. 기력도 없는데 자꾸 힘내라고 하는 것처럼 말이죠.

애써 웃으려 하면 할수록 어색한 웃음만이 남아요.

아이 앞에서 울지 않는 강한 엄마인가요?

엄마들은 아이에게 좋은 것만 주고 싶은 마음이잖아요. 아이가 밝고 긍정적이었으면 좋겠다고 생각하잖아요. 아이가 항상 행복했으면 좋겠다고 바라죠. 슬픔보다 행복이 아이와 함께 했으면 좋겠다고 생각하잖아요.

그러기에 더욱 아이에게 슬픔을 보이지 말자. 엄마의 눈물을 보이지 말자 해요. 아이에게 엄마의 눈물은 아픔일수 있으니까. 아이 마음에 상처를 주지 말자 합니다.

힘을 내서 씩씩하게 하루하루를 살아가자합니다. 여자는 약하지만 엄마는 강하다는 모토로. 아무리 힘들고 슬픈 일이 있어도 안으로 삭이며 삭이며. 강한 엄마가 되어 아이를 지켜주고 싶었으니까요. 강한 엄마가 되어 다 해내야 했었으니까요. 강한 엄마가 되어 가정을 지켜야 하니까요. 그랬던 것 같아요. 강해야 한다고 생각했어요. 약해지면 나를 바라보는 아이는 어떻게 키우나. 엄마인 자신이 강해져야지 했어요.

강한 엄마가 어떤 엄마인지 모르겠어요. 강한 척했었나요? 강한 척하며 뭐든 척척 해나가며 뒤돌아서서 아팠나요? 눈 가리고 아웅 하는 회의감이 들어요. 아이는 엄마의 생각보다 참 똑똑합니다. 눈칫밥주고 키우지 않았어도 엄마의 감정을 압니다. 남자아이라서 잘 모른다고요? 엄마가 모르는 건 아닐까요?

강한 엄마가 어떤 엄마일까요? 아이 앞에서 절대 울지 않는 엄마가 강한 엄마일까요? 마음이 흔들리지 않는 엄마가 심지가 굳고 강한 엄마일까요? 왜 굳이 그렇게 강한 엄마가 되고자 했을까요?

엄마의 못난 모습 엄마의 잘난 모습 그저 엄마의 모습일 뿐 그 어떤 이미지로 엄마를 만들고 싶지 않아요. 멋진 엄마도 별로이고 100점짜리 엄마도 너무 별로예요. 엄마라는 자리가 뭐길래 점수로 매기면서 평가를 하나요? 남이 100점짜리 엄마라고 하면 기분이 좋은 게 다일까요? 내심 그렇지 않은 자신의 모습이 떠오르며 더 자괴감이 들고 더 포장하려하지 않을까요?

좋은 엄마 100점 엄마 아이를 지키려하는 강한 척하는 엄마 엄마 엄마 엄마 왜 이렇게 타이틀을 만들어 엄마지옥을 만들었을까요? 아이의 모든 것, 가정의 모든 것을 엄마라는 어깨에 다 올려놓아 버렸어요.

그저 아이와 함께 커가는 엄마이고 싶어요. 엄마도 감정이 있고 엄마도 슬픔이 있고 엄마도 아픔이 있다는 걸 숨기고 싶지 않아요.

때로는 아이 앞에서 우스꽝스러운 엄마가 되기도 하고 때로는 아이 앞에서 바보 같은 엄마가 되기도 하고. 그런 모습 저런 모습 완벽하지 않은 게 사람이고 엄마도 사람이니까요. 그렇게 아이 앞에 사람인 엄마가 되고 싶어요.

왜 이렇게 눈물이 많을까 고민했었나요?

조그만 것에도 눈물이 나시나요? 사소한 것에도 눈물이 나시나요? 아무도 울지 않는데 눈물이 나요. 예능을 보면서도 뭔가 울컥 눈물이 나기도 해요. 마음이 너무 여린 거 아니냐며 이 거친 세상 어떻게 살아가려고 이렇게 눈물이 많으냐며 강한 마음을 가져야 한다며 마음을 다잡습니다. 약해 보이기 싫고 나약해 보이는 것 같아 자기 자신이 못나보여요. 혼자 사연 많은 사람마냥 인생고민 혼자 짊어지고 사는 사람마냥 나는 왜 이렇게 눈물이 많을까 고민하셨나요? 눈물은 얼마만큼 흘려야 많은 걸까요? 눈물이 많다 적다는 무엇과 비교를 해야 할까요? 눈물 데이터가 있나요? 하루에 몇 cc정도 흘리면 많은 것이고 그 이하면 적은 것이고 이정도 cc이면 정상입니다.

눈물데이터가 있나요? 있다하더라도 연구 자료에 의해 눈물이 많은 사람이 되고 눈물이 없는 사람이 되는 건가요? 눈물도 비교 대상이 되어야 하나요?

길을 가다 엄마라는 연극 포스터 앞에서 울컥 눈물이 났어요. 엄마의 따뜻함이 그리운가 봐요. 어릴 적 뛰어와서 엄마의 품에 안겼던 기억이 떠올라요. 너무나 포근하고 따뜻했어요. 시리고 추운가 봐요. 따뜻함이 그리워요.

뭐만 보면 눈물이 스르르 맺히는 사람. 지금 자신의 마음을 몸으로 나타내주는 거예요. 자신 안의 켜켜이 쌓인 것이 많아 흘러넘치고 있는 거예요. 지금 나의 마음이 이러니 내 마음을 좀 케어해주라고 몸에게 알림을 주는 거예요. 우리는 그 알림을 무시하고 계속 일상을 살아갑니다. 마음도 몸도 지쳐서 누군가 살짝 건들기만 해도 눈물이 나요. 힘든데 눈물을 흘릴 여유도 없다 해요. 배부르고 여유있는 감성팔이라며 눈물을 그 사람의 약점인 것처럼 치부해요. 그러다보니 정말 자신이 눈물이 많고 마음이 여리다는 생각도 들어요. 왜 이렇게 눈물이 많으냐며 자기 스스로를 자책하다 자신을 비난해요. 바보 같다고 자신을 구박해요.

쌓이고 쌓여 넘쳐흘러서 그저 흘러나오는 것뿐인데 자신을 비난하며 자책해요. 100미터달리기를 18초에 뛰어왔는데 왜 8초에 못 들어왔냐며 비난하는 것과 같아요. 헐레벌떡 가쁜 숨도 쉬지 말라고 해요. 숨이 차서 헉헉대는 자신에게 가쁜 숨을 쉴 자격조차 없다 해요.

100미터를 18초에 들어오든 8초에 들어오든 그게 무슨 상관이에요. 헐레벌떡 가쁜 숨을 쉬는 자신의 숨을 고르고 물도 한잔 마셔주고 열심히 뛰어온 자신을 격려해주며 오직 숨을 들이마시고 내뱉는 것이 중요하잖아요.

누가 너는 왜 이렇게 눈물이 많냐 해도 넘어가지 말아요. 무시해버리자고요. 눈물에도 비교하는 그 누가 자기 자신이 되면 안 되잖아요. 왜 이렇게 눈물이 많을까 고민했었나요? 놓친 자신의 마음이 자신의 몸에게 나 좀 봐달라고, 나 좀 방치하지 말아달라고 하는 소리 없는 아우성이예요.

마음이 보내는 몸의 신호를 놓치지 말아요 우리.

기대고 싶은데 기댈 수가 없었어요

힘든 일이 있을 때 우리는 누군가의 위로를 주고받아요. 기쁠 때 함께 웃으며 나누고 슬플 때 함께 눈물 흘리며 나눠요.

엄마가 되고 나서 삶은 참 많이 바뀌는 것 같아요. 슬픔을 나누고 싶어도 나눌 수가 없었어요. 엄마가 되고나서 왜 점점 외로워질까요? 아이를 키우는 같은 엄마들은 공감하겠지 해도 기댈 수는 없었어요. 기쁨을 나누면 배가 되고 슬픔을 나누면 반으로 준다잖아요. 나눌수록 더욱 부담스러워요. 힘내라며 어깨를 두드려주는 손이 어색했어요. 누군가의 위로보다 혼자 스스로 헤쳐 나가며 살다보니 누군가의 위로가 어색했나 봐요.

엄마가 되고나서 더욱 그렇게 살았나 봐요. 이겨내야 하고 헤쳐 나가야 했었어요. 미스 때 독립적으로 살던 때와 다른 의미의 독립이었어요. 기대면 기댈수록 자기 자신이 없어지고 기대면 기댈수록 상처가 되어 돌아왔어요.

기대니 서로가 힘들기만 해요. 슬픔은 기대기 힘들더라고요. 슬픔은 안 좋은 감정이라 생각해서 빨리 털고 일어나야 한다 생각했어요. 기대면 더 못 일어날 것 같아요.

계속 슬픔에 머무르며 지체할 수가 없어요. 다른 감정들과 다른 할 일들이 너무나 많았거든요. 그러니 제대로 슬픔을 털지도 못하고 빨리 묻어놓고 나와요.

슬픔이 반복되면 청승이라고 해요. 청승맞게 울고 있다는 소설책에나 나오는 말들이 살아 움직여요. 슬픔에 빠져있을 시간에 좀 더 건설적인 것을 해야 하는 게 맞다는 압박감도 생겨요. 슬픔이 반복되면 청승맞고 우울한 사람이 돼버리니까요. 슬픔은 혼자 안으로 삭이며 혼자 해결해야 되는 감정인 것 같았어요. 그래서 더 기댈 수가 없었나 봐요 서로가 서로의 슬픔이 너무나 버거우니까 외면하고 무시하고 묻어두고 사는 게 국룰처럼 되어있는데 말이죠.

오히려 큰 슬픔은 나눌 수가 있어요 작은 슬픔은 나누기가 힘들어요. 그래서 더욱 기대기가 힘들었나 봐요. 기쁨은 나누면 배가 되고 슬픔은 나눌수록 부담이 되니까요. 기대고 싶어도 기댈 곳이 점점 없어져요. 마음을 털어놓는 것과 슬픔을 털어놓는 것은 다르나 봐요. 기대는 마음이 점점 접어지다보니 혼자 껴안고 끙끙댔나 봐요. 어느 날 다가온 그 위로의 손길이 그렇게 낯설었나 봐요.

엄마가 되어 아이를 키우며 한 가정을 이루며 살아간다는 것은 서로에게 기대는 것보다 자신의 할 일을 하며 뚜벅뚜벅 걸어 나가는 일인 것 같아요. 기댈수록 힘들어지니 모든 것을 혼자 감당하고 인내하며 이겨내고 헤쳐 나가야 하는 삶이 되어갔어요.

그렇게 살다보면 어느 순간 자신이 엄마가 되고나서 억척스러워지고 억세졌다는 생각이 들잖아요. 자기 자신이 없어지고 엄마만 있는 삶이 되어버리잖아요. 그저 하루하루를 해야 할 일을 해내기에 지쳐 무감각하게 살아가는 삶만이 남잖아요. 그러다 어느 순간 억울하기도 하고 답답하기도 하잖아요. 나이가 들어갈수록 기댈 곳이 점점 없어져요. 부모님은 연세가 들어가고 기력도 빠져가고 연로해져가세요. 그렇게 건강한 모습으로 젊은 모습 그대로 우리 곁에 살아가실 것 같지만 한 해 한 해 점점 더 작아져가는 부모님의 모습을 마주해요. 어느 순간 부모님의 보호자가 되어있어요.

어느 분이 그러시더라고요. 이제 어른이 되어가나 보다 라고요. 부모님을 모시고 병원을 간다는 것이 어른이 되어가는 것처럼 가족에게 기대며 사는 삶보다 가족과 해 나가야 할 일들을 뚜벅뚜벅 걸어가는 그 마음이 어른이 되어가는 과정인 것 같아요.

기댈 곳이 점점 없어져서 서글픈 것이 아니라 자기의 자리에서 해야 할 일을 수용하며 자신을 바로 세우며 갈 길을 가는 것이 내가 나 자신에게 기대면서 서로 도우며 사는 어른의 기댐인 것 같아요. 부모님은 연로해져 가시고 아이는 점점 자라죠. 그 속에서 엄마인 우리들은 억셈이 아닌 점점 강인함과 따뜻함을 지니며 커나가는 것 같아요.

기댈 곳이 없다고 혼자 힘들어했는데 점점 더 어른이 되어가는 자신을 격려하며 응원하며 살아요. 우리.

아이 앞에서 울지 않는 엄마가 강한 엄마일까요?

그저 아이와 함께 커가는 엄마이고 싶어요

엄마도 감정이 있고 엄마도 슬픔이 있고

엄마도 아픔이 있다는 걸 숨기고 싶지 않아요

때로는 아이 앞에서 우스꽝스러운 엄마가 되기도 하고

때로는 아이 앞에서 바보 같은 엄마가 되기도 하고

그런 모습 저런 모습 완벽하지 않은 게 사람이고

엄마도 사람이니까요

그렇게 아이 앞에 사람인 엄마가 되고 싶어요

주저앉아 엉엉 울고 싶어요

자신 안에 쌓여가는 수많은 말들

하고 싶은 말이 있어요. 수다를 떨고 싶은 것이 아니에요. 우리는 대화가 하고 싶어요. 하고 싶은 말이 있는데 대화가 힘들어요. 대화를 하며 서로를 이해하고 이해받고 싶어요.

말이 없는 것이 미덕이 아니잖아요. 말이 많은 것이 대화가 아니잖아요. 자신의 생각과 감정을 이야기하고 상대의 생각과 감정을 들어주고 서로의 가슴을 나누는 거잖아요.

겉 평화 속 전쟁이에요. 나 하나만 입 다물면 평화로운 세상이에요. 속으로 울지만 겉으로 웃으면 아무 문제없는 평화로운 세상이에요.

우리는 평화가 참 소중하다고 배우잖아요. 이 세상에 거저 주어지는 것이 없잖아요. 평화는 서로의 노력으로 지켜져야 하는 거잖아요.

겉 평화를 지키기 위해 선택된 침묵은 상처를 남겨요. 정작 하고 싶은 말은 점점 쌓여져 가고 의미 없는 말들만 하고 있어요. 정작 하고 싶은 말들은 겉 평화를 위해 꾹꾹 삼키고 자신 안에서 점점 쌓여 가슴이 답답해져 가요.

침묵을 하지만 자발적 침묵이 아니에요. 선택은 했지만 보이지 않게 강요된 침묵이에요. 자발적 내려놓음이 아닌 내려놓을 수밖에 없는 침묵이에요.

자신 안에 수많은 말들이 쌓여가요. 쌓이고 쌓여 흘러넘쳐 입으로 나오는 것이 아니라 눈물로 뚝뚝 떨어져요. 할많하않이 아니라 할많하말이에요.

한숨 쉬며 그래 할 말은 많지만 하지 않겠다가 아니라 할 말은 많지만 하지 말자하는 마음이에요. 자신 안에 쌓이는 수많은 말들 이대로 그대로 살아지면 될까요?

할머니들을 보면 혼잣말을 그렇게 하시잖아요. 혼자말을 하고 있는 자신을 발견하며 나이가 들어가나 보다 라며 이러지 말아야지 하잖아요. 할머니들은 왜 혼잣말을 하실까요?

곱디고운 어린 새색시 시집오고 나니 시댁 식구 우글 우글 새벽같이 일어나 우는 갓난쟁이 애기업고 밥하고 논매고 밭에 가고 대식구 먹여 살리면서 그렇게 나이 들어가요. 어느새 까매진 얼굴. 그 얼굴을 그린 그림책이 있어요. 고릴라할머니.

아이는 까맣고 주름진 할머니얼굴이 이해가 안 되잖아요. 외할아버지의 주름지고 작아진 어깨를 아이는 이해할 수가 없잖아요. 그래서 그 책을 읽어주며 외할아버지의 사진을 보여줘요. 외할아버지도 젊으셨을 때 이렇게 잘생기고 활력 있고 멋졌다며 할아버지의 시간을 보여주며 아이와 대화를 나눠요. 할머니는 어떨까요? 얼마나 고우셨을까요? 그 곱디고운 얼굴 손 억척같이 살아내시며 누구 하나 그 새색시의 말에 귀 기울이며 사셨을까요? 삶을 살아내느라 바쁘고 그 예전 시절 먹고사는 것이 다인 삶을 사시느라 누구 하나 할머니의 이야기를 들어주셨을까요?

남편 하나 바라보고 결혼해서 시댁 식구 먹여 살리고 머나먼 친정을 가슴에 묻고 아궁이에 불 피우며 눈물 훔치며 살지 않으셨을까요? 의지할 데라곤 하나밖에 없는 남편인데 감정 공감 제대로 받고 사셨을까요?

어느 날 고릴라할머니가 되어버린 자신의 얼굴을 보며 살아온 지난 시간들이 얼마나 억울하고 답답하시겠어요. 그러니 혼잣말을 한다고 뭐라 할 것이 아니라 혼잣말을 들어주세요. 누가 들어주나요 들어줄 사람도 없었잖아요. 지금은 들어줄래야 들어줄 할아버지도 안계시기도 하잖아요. 이 눔의 영감탱이하며 밥을 하시더라도 그렇게 혼잣말을 하시는 것이 정신건강에 도움이 되잖아요. 건강한 발산을 하시는 거구나 해요.

우리도 우리 할 말을 하고 살아요. 혼잣말을 하든 종이에다 끄적 끄적 쓰든 하고 싶은 말을 해요. 하고 싶은 말을 상대에게 막 쏟아내며 하는 것이 아니라 혼잣말이라도 하고 종이에다가 핸드폰에다가 쓰다보면 자신이 정말 뭘 원하는지 자신의 욕구를 조금씩 찾을 수 있어요. 정작 자신이 원하는 것이 무엇인지를 모르는데 할 말만 쏟아낸다면 상대도 수많은 거친 말들 속에서 길을 잃고 헤매고 오히려

귀를 닫고 듣지 않아요. 길을 잃으면 불안하고 답답하고 빨리 택시라도 잡고 집에 가고 싶잖아요. 대화가 아니라 피하고 싶어져요.

자신의 욕구를 찾아보면 그 수많은 이야기들이 결국은 하나구나 느껴요. 하고 싶은 말이 많을 때는 자신의 욕구를 찾아봐요. 나이 들어 고릴라할머니가 되어 혼잣말을 하더라도 지금부터 시도해보면 가슴에 맺힌 게 많은 고릴라할머니는 안되지 않을까요.

혼자만의 이야기는 혼자만의 노트에 적어 풀어요. 해야 할 이야기는 자신의 욕구를 찾아봐요. 상대가 변하기를 바라며 쏟아내는 말은 상대는 절대 변하지 않아요. 방어벽만 높아져가죠. 상대가 변하든 안 변하든 무슨 상관이에요. 쌓여있던 말들이 빗자루에 의해 쓱쓱 쓸려나가는데 말이죠. 가벼워진 마음이 더 중요하니까요.

참 사랑스러우시죠?

우는 것이 잘못인가요?

뚝! 그만~ 울지마! 아이가 울면 하는 말이죠. 넘어진 아이에게 눈물을 닦고 씩씩하게 일어나라 해요. 넘어져도 울지 않고 꿋꿋이 눈물을 삼키는 아이를 보며 아, 씩씩해 최고~ 엄지 척을 하며 기특해 합니다.

아이가 울 틈을 주지 않아요. 울 시간도 주지 않아요. 울음은 불편하니까요. 나와 너와 주변을 불편하게 하니까요. 그만 뚝!

왜 그래 무슨 일 있어? 다들 울지 않는데 울면 분위기 이상하게 만들까봐 눈물을 참아요. 울면 이상하게 볼까봐 눈물을 억눌러요. 눈물도 쉽게 못 흘려요.

눈물이란 건 참 공식적이면서도 사적인 것 같아요. 누군가의 죽음 앞에 우는 눈물은 공식적으로 인정받은 눈물이잖아요.

부모를 떠나보내는 가족들에게 더 소리 높여 울라고 해요. 눈물을 흘리라는 것이 아니라 소리를 높이라는 거예요. 곡소리난다는 말이 그런 말인가 봐요. 잔칫집은 기름 냄새나야 하고 상갓집은 곡소리 나야 하는 것처럼 말이죠.

TV 드라마를 보면 여주인공이 슬픔에 잠겨 울어요. 참 예쁘게도 울어요. 어쩜 얼굴이 저렇게 변함없이 예쁘게 울까요? 크고 맑은 눈동자에 눈물이 스르르 맺혀 떨어져요. 이쁘죠.

그런 이쁘게 우는 모습을 자주 봐서 그런가요? 실제 우는 모습은 얼굴 찌그러지며 눈물이 사르륵이 뭔가요? 눈물이 왈칵 나오면서 코는 딸기코가 돼요. 그래서 더 울기가 불편한가 봐요. 이쁘게 울던 안 이쁘게 울건 마음 편히 울고 싶어요. 넘어지면 벌떡 일어나야 하고 상처가 생겨도 씩씩하게 울음을 참아야 하는 삶에 지쳤어요. 아이에게 그런 삶을 살라고 하는 것도 점점 괴리감이 생겨요. 넘어져서 아픈데 울지도 못하게 하고 벌떡 일어나라하고 다음에는 절대 넘어지지 말라고 해요. 자신의 아픔을 뒤로하고 엄마가 원하니까 씩씩한 척 안 아픈 척 울음을 참고 벌떡 일어나는 아이를 칭찬하는 엄마.

왜 울면 안 되나요? 넘어진 것도 아픈데 혼내기까지 해요. 왜 그렇게 급하냐고? 칠칠치 못하다고 앞을 보고 다니라고. 한번 넘어지고 두 번 넘어진 게 앞으로도 영원할 것처럼 걱정을 싸 짊어지고 단도리를 해요.

넘어져도 울면 안 된다고 알고 크는 아이는 어른이 되어갈수록 자신의 아픔보다 등 뒤에 엄마의 시선을 기억하며 자신의 아픔보다 타인의 시선을 먼저 의식하는 어른으로 크겠죠.

눈물은 예고도 없이 툭 나오잖아요. 울고 싶은 날이 있잖아요. 하늘이 너무 눈부셔서 울고 싶고 사람들 속에서 잔뜩 시린 날도 울고 싶고, 거울에 비친 자신의 모습을 보고 울고 싶을 때 있잖아요. 울고 싶은 날은 눈물대신 다른 것을 찾아요. 쓰디 쓴 마음 쓰디 쓴 술로 달래야한다며 술에 취해 눈물을 삼켜버린다든지, TV를 켜서 깔깔깔 재미난

예능을 보며 잊어버리려한다든지, 핸드폰 유튜브를 보며 시간을 죽여 버린다든지, 친구를 만나 수다를 떨며 회피한 다든지 다른 무엇으로 묻어버려요.

자신을 위해 흘리는 눈물은 자기 연민에 사로잡힌 고쳐나 가야 하는 눈물인가요?

우는 것이 잘못인가요?

이것저것 눈치 볼 것 없이 실컷 울고 싶어요

진심을 다해 울어 본적 있나요? 어떻게 보일까 신경 쓰지 않고 누군가의 제지 없이 속 시원히 울어본 적 있나요? 삶이 힘들다고 하지만 우리는 참 웃을 일이 많았어요. 웃음은 참기가 힘들잖아요. 반면 슬픔은 참기가 힘들지만 또 어떻게든 참아내잖아요.

그냥 울고 싶었어요. 누구의 엄마, 아내, 가족이라는 경계선 없이 그저 자기 자신으로 실컷 울고 싶었어요. 아이엄마라서 아이 앞에서라며 눈물을 숨기고 가짜웃음도 지어요. 그래야 행복해 보이는 것 같았어요. 힘들게 일하고 오는 남편에게 우울한 기운 주기 싫으니까 분위기 틀기 싫으니까 또 웃어요. 가지가지 이유도 참 많아요. 울지 못하는 이유 울지 말아야 되는 이유. 누구의 엄마 누구의 아내 가정에서의 자리 이런 거 다 생각하지 않고 오직 나 자신을 위해 실컷 울고 싶었어요. 울어도 된다고 누가 말해주길 원하는 것 같아요.

허락받아야 울 수 있는 것도 아닌데 누군가의 허락과 동의를 받고 싶었나 봐요. 인정받는 눈물이고 싶었나 봐요. 이런 눈물은 인정할 수 있으니까 편하게 울라며 인정받는 눈물 속에서 맘 편하게 울고 싶었나 봐요. 자신의 눈물을 다른 사람에게 결정권을 넘기며 살았어요.

이런 말들을 하잖아요. 저 사람은 참 눈치가 없다. 우리나라에서는 눈치가 없는 것이 센스가 없는 것과 비슷해요. 센스 있는 눈치로 사회생활을 해나가며 역시 눈치가 있어라며 뿌듯해했나 봐요. 가정에서도 센스 있는 눈치로 살며 가족들에게 인정받고 싶었나 봐요.

스스로 결정하며 살아왔다고 생각했는데 그 결정들의 기준은 인정이고 사랑받고 싶은 욕구였어요. 욕을 먹기는 싫으니까 누구에게나 인정받을 수 있는 결정을 하는 것이 중요했어요. 현명함이라는 가면을 씌운 채. 자신을 들여다볼수록 이 사소한 결정 하나하나에도 남들의 시선이 다 들어있었구나 자각해요. 얼마나 피곤했겠어요. 얼마나 흔들렸겠어요. 누구에게나 인정받는 눈물을 흘리려니 얼마나 눈치가 보였겠어요. 상대에게 상처를 주지 않고 자신의 눈물을 내뱉으려니 무던히도 힘이 들잖아요. 눈치를 보며 눈물을 훔치고 눈치를 보며 애써 웃음 짓고 누가 울지 말라고 하는 것도 아닌데 눈치껏 알아서 슬픔을 감춰요.

눈물을 흘리는 것은 어떤 타이틀도 필요 없는 솔직한 자기 자신과의 마주함이에요. 누구의 엄마이기에 약해보이면 안되기에 분위기를 흐리면 안 되기에 뜬금없이 울면 안되기에 별거 아닌 것에 눈물이 많다는 이야기를 들으면 안되기에 숨기고 삼켜요.

센스없다는 것도 눈치가 없다는 것도 내려놓고 자기 자신의 눈물에 솔직하겠어요. 머릿속 여러 변명과 생각들을 멈추고 오롯이 자신의 슬픔에 솔직해져봐요.

이것저것 눈치 볼 것 없이 실컷 울겠어요.

울 곳이 없어요

어느 사극에서 중전이 했던 말이 생각나요.

"아무리 찾아도 이 궐 안엔 내가 소리 내어 울 곳이 없다"

화려한 궁궐 안에서 자기만의 장소인 아궁이 앞에서 쪼그리고 앉은 채 입을 막고 오열을 해요.예전 할머니 댁에 부뚜막이 생각나요. 나무 넣어 불 지피며 음식을 하던 아궁이가 생각나요. 할머니도 아궁이에 불 지피며 눈이 매운 양 그렇게 눈물을 훔치셨을까요?

가지 많을수록 바람 잘 날 없다는 속담처럼 그 많은 자식들 그 많은 집안일과 농사일들 그 자그마한 몸으로 다 받아내며 아궁이에 불 지피며 눈물을 닦으셨을까요. 마당 있고 넓은 공간에 살아도 결국은 아궁이 앞이었네요. 마음

놓고 울 공간이 없어요. 아궁이 앞에서 쪼그리고 앉아 우는 중전의 모습이 드라마에만 나오는 것이 아니네요. 누구에게도 방해받지 않고 마음 놓고 울 곳이 없어요. 후다닥 눈물 닦지 않고 마음 놓고 엉엉 소리 내어 울 수 있는 곳이 필요해요.

아기 때 우리는 엄마의 배 속 양수 안에서 편안하게 있을 수 있었잖아요. 그 고요와 평화로움이 우리의 태생이에요. 세상에 태어나 시끄럽고 복잡하고 여러 스트레스 불안함들이 그 평화를 깨버려요. 그래서 본능적으로 우린 안정과 평화를 찾아요. 엄마 뱃속에 있었을 때의 그 따뜻함을 느끼기 위해 울 때는 몸이 자동으로 안으로 웅크려져요. 고개도 떨구고 어깨도 늘어뜨리고 팔도 안으로 웅크려져요. 고개를 들고 어깨를 펴고 팔도 밖으로 활짝 펴고 엉엉 우는 사람은 없잖아요. 집은 편안함의 장소라고 하죠. 집이 편안한 장소여야 하잖아요. 자신이 원하는 집의 느낌은 뭔가요? 편안함, 휴식, 힐링, 깔끔함, 따뜻함 등 여러 원하는 집의 느낌이 있잖아요. 그 느낌을 위해 열심히 인테리어도 하고 가구도 사러가고 자신이 원하는 집을 찾아 꾸며요. 신혼 때의 둘만의 보금자리에서 아이가 태어나고 육아가 시작되면 집의 느낌이 어떤가요? 그저 집에서 벗어나고 싶어요. 그 아무리 고급 쇼파를 해놓아도 집밖 패스트푸드점 의자를 그리워하잖아요.

더 이상 밖을 그리워할 수만은 없기에 자신만의 휴식을 위해 집안에서 자그마한 자신만의 공간을 만들어요. 베란다 공간에 의자하나 들여놓고 테이블 하나 들여놓고 자신만의 공간을 만들어요. 어릴 적 함께 쓰던 방에서 나만의 방을 갖게 되었을 때처럼 얼마나 뿌듯한지 100평 공간 못지 않은 자신만의 공간에서 쉬어요. 그렇게 만든 공간이지만 불쑥 불쑥 훅훅 들어오는 누구에게나 열린 공간이 되어버려요. 엄마를 찾고 와이프를 찾고 수시로 들어오고 나가요. 할 말 있으면 훅 들어와서 이야기하고 훅 나가요. 방해하지 말아 달라고 하면 빼꼼히 들여다보는 아이의 눈빛 은근히 신경쓰이는 남편의 시선들이 오롯이 나만의 공간이 되기는 힘들었어요.

아무에게도 방해받지 않고 흐르는 눈물 훔치지 않고 소리 죽여 울지 않고 엉엉 소리 내어 울 곳이 필요해요. 울다 순간 멈칫하지 않고 그저 뚝뚝뚝 자신의 슬픔을 마주할 곳이 필요해요. 밖으로 나가 그런 공간을 찾기도 쉽지 않아요. 그저 울 곳이 필요한데 울 곳이 없어요.

참는 게 미덕인가요?

이미자 가수의 여자의 일생이라는 노래를 아시나요? 우리네 할머니들 엄마들이 듣고 좋아하셨을 노래예요. 87년에 발매된 노래죠. 여자의 일생이란 노래는 참 오래된 노래지만 가사를 보면 지금과 별반 다르지 않은 건 왜일까요?

'참을 수가 없도록 이가슴이 아파도 여자이기 때문에 말 한마디 못하고♪ (왜 이러고 살았을까요?)
헤아릴 수 없는 설움 혼자 지닌 채 고달픈 인생길을 허덕이면서 아아~참아야 한다기에 눈물로 보냅니다. 여자의 일~생♪' (뭐 이런 절절한 가사가 있나요)

2절은 더 절절합니다.

'견딜 수가 없도록 외로워도 슬퍼도 여자이기 때문에 참아야만 한다고 ♪ (자꾸 참으래요)

내 스스로 내 마음을 달래어가면서 비탈진 인생길을 허덕이면서 아아~참아야한다기에 눈물로 보냅니다. 여자의 일~생

이 가사의 한산도 작곡가님은 어쩜 그리 여자의 마음을 잘 아시나요? 통찰력인가요? 실화바탕인가요? 예전에 우리네 할머니 엄마세대는 그렇게 참고 견디며 사는 것이 당연한 듯 사셨어요. 여자이기 때문에. 여자로 태어나서 학교도 못가고 여자로 태어나서 어린 시절부터 밥하고 빨래하는 것이 당연했다고 하잖아요. 여자가 울면 집안이 망한다고 아침부터 여자목소리가 담벼락을 넘으면 안 된다고 하잖아요. 여러 익숙한 내용들이 많죠? 여자이기 때문에 그렇게 사는 것이 당연했대요. 그러니 자기 자신을 찾으려는 그 시대의 여자들은 얼마나 가슴에 맺힌 것들이 많았을까요?

그렇게 살아오신 할머니. 그런 할머니를 보고 자란 엄마. 그런 모습을 보고 자란 우리들의 아빠, 남편, 딸, 아들. 그 할머니 때보다 엄마 때보다 살기가 편해지고 세상이 좋아졌다고 그래요.

밥 굶고 살지 않은데, 먹고사는 것은 나아졌고 세상도 점점 발전을 하는데, 왜 여자의 삶은 그대로인 것처럼 느껴질까요? 힘든 거 알지만 다 그렇게 산다고 해요. 여자의 일생을 들으면 할머니시대나 엄마시대나 달라진 건 건조기인가요?

여자이기 때문에 참기보다 엄마이기 때문에 참고 사는 것 같았어요. 참다 보면 풍선이 점점 눌러져 빵 터져 폭발해 버리듯이 자신 안의 화, 분노가 불쑥불쑥 튀어나와요. 욱순이가 되는 이유가 그런 거죠. 모든 것을 갱년기라는 이름으로 다 집어넣어버려요.

참다 보면 풍선에 바람이 피시식 빠지듯 결국엔 쪼그라들고 힘없어지고 무기력해지며 우울감도 생기고 잔 하나 들 기력도 없어져요.

참는 게 미덕인 시대에 산 우리의 엄마를 봐왔잖아요.
아무 말 없이 가슴에 묻어놓고 큰 소리 내지 못하고 사는 엄마를 현명하다고 하죠. 속은 문드러지고 곪고 터지고 있는데 말이죠.

아이를 낳아 여자에서 엄마가 되어보니 노래가사가 마음에 깊이 와 닿고 엄마가 이해가 돼요. 그렇게 살고 싶지 않은 자기 자신도 이해가 돼요.

여자이기 때문에 엄마이기 때문에 참고 사는 것이 아니라 사람이기 때문에 털어내며 살겠어요.

가슴이 답답해 숨이 잘 안 쉬어져요

누르고 누르다 보니 가슴이 답답해지더라고요. 때론 숨이 한 큐에 잘 쉬어지지 않아요. 크게 한번 후~내뱉어요. 다음 숨은 다시 짧은 호흡으로 들어와서 답답하다는 생각이 들어요. 다시 또 크게 들이마시고 후~내뱉어요. 이러다 의식하지 않으면 짧은 호흡을 계속하고 있어요. 쌕쌕거리듯이 흡흡거리듯이. 산에 가고 싶다는 생각이 들어요.

시원하고 울창한 숲에서 크게 숨을 들이마시고 내뱉고 싶어져요. 한여름의 그 짙푸른 어두운 녹색의 서늘한 산속 피톤치드를 마시고 싶어져요. 한겨울의 시리도록 차가운 산속 피톤치드를 마시고 싶어져요.

산을 내려오면 일상 속에서 계속 가슴이 답답해요. 휴대용 산소호흡기라도 하고 싶은 심정이에요. 폐에 이상이 있나 미세먼지가 심한가 공기가 탁한가 싶었어요. 왜 이렇게 한숨을 쉬지? 병원을 가봐야 되나. 인터넷에 검색도 해봐요. 병명만 잔뜩 나오고 병원만 잔뜩 나와요. 멀쩡한 사람이 갑자기 병명 가진 환자가 되어버려요. 딱 붙는 옷들이 싫어지기 시작해요. 멋 내는 것도 다 귀찮아져요. 다 쓸데없는 짓 같아요. 누구를 위해 불편한 옷들을 감수하는지 모르겠어요. 몸이 불편하니 숨이 더 안 쉬어져 얼굴이 점점 열이 올라요. 답답하고 옥죄는 것들이 다 싫어져요.

탁 트인 바다, 산, 시원한 바람이 좋아져요. 자연의 소리를 찾게 되고 그 자연 속에서 힐링도 받아요. 자연을 찾을 수 없을 때는 자연의 소리를 찾아 유튜브를 틀어놓고 마음의 평화와 힐링도 받아요. 잠시의 힐링인가 봐요. 자연도 치료제는 아닌가 봐요.

어딘가 몸에 이상이 있는 건 아닌데 숨이 잘 안 쉬어진다는 게 답답했어요. 마음이 아프면 몸이 아프다는 게 사실이에요. 마음 컨디션이 몸 컨디션을 좌우하다니 마음건강이 얼마나 중요한지 알았어요. 가슴이 답답해져오고 숨이 안 쉬어져서 깊은 심호흡을 해봐도 별반 달라지는 것이 없어요. 답답함은 그대로예요. 계속 깊은 호흡과 거친 호흡을 하다 보니 가슴에 통증만 와요.

누르고 누르다 보니 마음이 꽁꽁 묶여서 66사이즈 입던 사람이 44사이즈 입은 것처럼 숨을 못 쉬고 얼굴로 압이 올라오고 뭔가 모르게 터질 것 같은 느낌이에요. 이뻐보일려고 44사이즈 옷에 몸을 겨우 집어넣고 외출을 하는 날 얼마나 밖에서 힘들었는지 기억나시죠? 집 와서 44사이즈를 벗어버리는 순간 탁~하고 오는 편안함과 개운함이 절실해요. 시원하고 마음껏 숨 쉴 수 있게 말이에요. 상쾌하고 시원한 들숨날숨이 절실해요.

이대로 숨이 안 쉬어져 99사이즈 옷도 답답해요. 왜 이런 건가요? 자연도 치유할 수 없고 자꾸 헤매는 느낌만 들어요. 마음도 다이어트가 된다는데 잡다한 생각을 몰아내려 명상도 하지만 잠시뿐이에요. 44사이즈에 꽁꽁 묶여져 하루하루 이렇게 살다가는 숨을 못 쉴 것 같아요. 꽉 끼여져 옴짝달싹할 수 없는 마음의 옷을 시원하게 탁 벗어버리고 싶어요.

쌓이고 쌓인 눈물 토해내겠어요

켜켜이 쌓이고 쌓여 돌땡이가 되어 자신을 눌러 뒤돌아서서 숨을 내쉬는 자신이 너무 억울했어요. 도저히 안 되겠어요. 쏟아내고 싶어요. 쏟아내겠어요. 내 안의 쌓이고 쌓인 찌꺼기들을 토해내겠어요. 말리지 마요. 아무도 안 말렸나요. 아무도 말리는 사람이 없는데 왜 토해내질 못했을까요? 자신에게 말해요. '말리지마, 제발 지금이라도 너를 위해 펑펑 울어버려. 눈물이 죄니? 눈물이 넘쳐흘러 수도꼭지마냥 툭 건들면 계속 나오잖아. 참지 마. 참지 말라고. 참다보면 결국엔 터져버리잖아.' 실컷 울겠어요. 눈치 주는 사람이 없어도 자기 자신이 주는 눈치 이젠 안 보고 실컷 울겠어요.

돌땡이를 녹이는 방법은 결국은 물이잖아요. 자신 안의 한 방울 한 방울 모이고 모여 고인 물들을 쏟아 부어 돌을 녹여버리겠어요. 댐에 있는 물이 계속 쌓이고 쌓여 둑이 터져버리고 홍수가 나서 집들을 다 삼켜버리면 사람의 생명도 잃어버릴 수 있잖아요. 그때서야 소 잃고 외양간 고치는 바보 같은 일을 할 수는 없잖아요. 그때는 되돌릴 수도 없잖아요. 고인 물은 결국엔 썩어요. 눈물도 물이니까 고이다보면 결국엔 자신의 마음을 썩게 만들어버려요. 그때 가서 백방으로 병원을 다니며 온갖 치료약을 써 봐도 소용이 없다면 그거야말로 억울한 일이잖아요.

좀 더 내 눈물에 신경 쓸 걸, 좀 더 내 눈물에 따뜻할 걸하고 후회해도 쓰린 가슴만 남잖아요. 쌓이고 쌓인 눈물 둑이 터져버려 대홍수가 나기 전에 토해내고 흘려버리겠어요. 건강은 건강할 때 지켜야 된다는 말이 진리예요. 남들이 뭐가 그리 중요한가요. 내 건강이 우선이에요. 눈물이 무슨 그렇게 큰 죄라고 꽁꽁 참고 쌓아뒀는지 모르겠어요. 이제는 감추고 숨기는 데에 한계에 도달했어요. 방법이 없어요. 막다른 골목에 몰린 쥐도 고양이를 문다는데 달리 어디로 도망갈 곳도 없고 계속 도망가도 끝나지 않는 도망일 뿐이에요. 토해내는 것밖에 방법이 없어요.

여행을 좋아한 것이 아니라 현실도피였던 것처럼 진정한 여행을 하려면 현실을 인정하고 마주해야하잖아요. 여행을 좋아한다지만 돌아갈 집이 있어야 여행도 행복하잖아요.

계속 도망가고 회피하고 숨기기에 급급한 현실을 마주하고 당당히 마주하고 부딪히겠어요. 사람 몸의 70%가 물이잖아요. 자신의 몸에 얼마나 많은 눈물이 쟁여져있을지 확인해보겠어요. 당당하게 떳떳하게 울겠어요. 가족에게 엄마인 아내인 자신의 몸 상태 마음상태를 알리고 더 건강하기 위해 더 행복하기 위해 더 웃기위해 울겠다고 하겠어요. 이해를 위해 자신을 더 많이 설명하기도 지치잖아요. 쌓이고 쌓인 자신안의 눈물 토해내겠어요. 자신의 눈물에 당당하겠어요.

자기 자신에게 말해줘요.
'그래 그렇게 해. 그래도 돼. 그게 무슨 큰일이라고'

눈물을 흘리는 것은 솔직한 자기 자신과의 마주함이에요

센스없다는 것도 눈치가 없다는 것도 내려놓고
자기 자신의 눈물에 솔직하겠어요
머릿속 여러 변명과 생각들을 멈추고
오롯이 자신의 슬픔에 솔직해져봐요

이것저것 눈치 볼 것 없이 실컷 울겠어요

아무도 없는 차 안에서 목놓아 울었어요

엄마 이번 주 실컷 우는 주야

파랑새를 찾아 밖으로 나가 헤맬 필요는 없어요. 하지만 파랑새를 찾을 필요는 있어요. 자신의 마음에 있는 파랑새를 찾아 행복도 찾는 연습을 했어요. 그저 감나무 밑에서 감이 떨어지길 기다릴 수는 없잖아요. 행복 또한 그런 것 같아요. 행복도 연습이 필요하더라고요. 운동을 꾸준히 하면 건강한 근육이 생기고 몸이 튼튼해지잖아요. 마음도 그런 것 같아요. 행복 또한 그러해요. 행복트레이닝을 한 주 한 주 해나가요.

엄마가 괴롭고 힘들면 그 무게가 당연히 아이에게 가는 것 같아요. 그걸 지켜보는 아이도 힘들고 옆에 있는 아이가 가장 만만하다며 감정 쓰레기통이 되기도 하잖아요. 엄마가 버거운 감정을 안고 이대로 살아나간다면 무엇보다 아이가 더 큰 상처로 남아요. 엄마의 감정을 해소해야 해요. 엄마인 자신이 행복해지고 싶었어요. 한 주 한 주 행복트레이닝을 해요. 자신의 행복을 위해 파랑새를 찾아요.

이번 행복트레이닝은 실컷 울기로 정했어요.
아이에게 이야기해요. "엄마 이번 주 행복트레이닝이 실컷 울기야. 엄마 막 울더라도 아, 우는 연습하는구나 해~ 엄마 좀 울게" 그때부터 대놓고 울었어요. 참지 않고 울었어요. 아이가 볼까봐 뒤돌아서서 후딱 눈물 훔치지도 않았어요. 설거지하다 이젠 눈물을 삼키지 않아도 돼요. 울컥 울컥 나오는 눈물에 빨개진 눈 이젠 감추지 않아도 돼요. 참아야지 할 필요도 없어요. 공개적으로 울기로 했으니까요. 안 울면 안 우는 것이 이상하겠죠. 이번 주 우는 연습하는데 왜 안 울어? 이렇게 운동을 게을리 할 거야? 자신에게 이렇게 말하겠죠.

침대에 누우면 스르르 눈물이 흘러내려 베갯잇이 다 젖어요. 반대편으로 돌아누워요. 흘러내린 눈물에 베갯잇이 양

사이드로 다 젖어버려요. 베갯잇 갈기도 귀찮아요. 그냥 말려요. 천장보고 누우면 양옆으로 흘러내려요. 천장보고 눈뜨고 울어요. 내가 잘못 했니 네가 잘못 했니 왜 이럴까? 왜 그랬을까? 뭐가 잘못됐을까? 이런 저런 생각 없어요. 그저 우는 거예요. 그저 흘러내리는 눈물 흘러나오게 그냥 내버려둬요. 울다 울다 눈이 팅팅 불어터졌어요. 쌍꺼풀이 없어지고 눈이 안 떠져요. 네 원하던 바예요. 팅팅 불은 눈 감추고 싶지 않아요.

울다 울다 머리가 띵해요. 학원 갔다 온 아이가 사온 녹차 하드 시원하게 먹으며 울어요. 맛있고 시원해서 또 울어요.

아이는 아이 할 일을 하듯 울어 지친 엄마도 엄마 할 일을 해요. 어슬렁 어슬렁 할 일을 해요. 오히려 숨기고 감추기 보다 더 떳떳해요.

그저 실컷 울어요.

아무도 없는 차 안에서 엉엉
목놓아 울었어요

차의 의미가 단순한 이동수단을 넘어가요. 아이를 키우며 아이 라이딩 할 때는 웨이팅의 장소이기도 해요. 음악을 들으며 휴식과 힐링의 장소가 되어가요. 왜 그렇게 종종걸음을 치는지 고단한 몸을 이끌고 계속 뛰어요. 뛰다 뛰다 지쳐 쉬어야 하는데 쉴 시간이 어딨냐며 다시 또 발걸음을 재촉해요. 삶은 바쁘고 누구의 시간 누구의 시간 낭비를 줄여주기 위해 엄마의 시간은 바쁘게 돌아가요.

차를 타고 장을 보러 가서 산 식료품을 다시 차에 싣고 집으로 가져와요. 산 식재료들을 일일이 손질하고 냉장고에 집어넣어요. 저녁을 먹기 위해 씻고 썰고 다듬고 끓이고, 다 먹고 씻고 치우고 설거지하고 헥헥... 그러고 아이 공부 체크하고... 기력 없는 유령 모드로 장을 보고 난 뒤 잠시 차 안에서 5분 동안 쉬었어요. 의자를 뒤로 눕히고 누웠어요. 잠시의 휴식이 그렇게 달콤할 수가 없었어요.

뭐가 그리 조급한지 조금 늦으면 어때. 잠시의 재충전을 하고 집으로 들어가요. 똑같은 일이지만 고단함은 훨씬 가벼워졌어요. 차 안은 그렇게 나 자신만의 휴식 공간이 되어갔어요. 차 키 하나 들고 차로 가요. 음악채널 바로 켜고 창문을 다 열고 드라이브를 하죠. 오래된 영화 델마와 루이스처럼 그저 떠나고 싶은 마음이었나 봐요. 그렇게 잠시의 일탈을 하고 집으로 돌아와요.

아무런 마음의 준비없이 몰아닥친 쓰나미같은 시련 앞에 벅차다 못해 버거워 어찌할 수 없었어요. 몰려오는 쓰나미 피할 수도 없었어요. 모든 것을 삼켜버릴 것 같았어요. 한 순간의 거대한 파도가 집도 사람도 모든 것을 휩쓸어 가버리는 것 같았어요. 어린 아이 껴안으며 오들 오들 떨며 있었어요. 미리 얘기라도 해주면 이 어린 아이안고 대피소라도 찾고 뭐라도 대피라도 하고 준비라도 할 텐데 모든 시련은 갑자기 그렇게 찾아오나 봐요. 미리 신호가 있어도 모르거나 설마 쓰나미가 오겠어라며 애써 모른척했나 봐요. 그렇게 갑작스럽게 거대한 파도는 한순간에 모든 것을 휩쓸고 가버려요. 거대한 파도가 휩쓸고 간 뒤에 살아남은 엄마는 자신을 추스를 사이도 없이 아이를 추스르기 바빠요.

곧 쓰러질 것 같은 엄마가 아이를 일으켜 세워요. 아이 먹이기 위해 밥을 해요. 그렇게 일상을 되찾아갔어요. 그렇게 일상을 되찾아간 듯 했어요. 그런 엄마가 이제는 기력을 다했는지 쇠잔해져 어느 날 일어나질 못하겠어요. 눈물이 하염없이 흘러나오고 기력이 없어져 일어날 힘도 없어요. 잠자는 것이 아니라 몸이 꺼져버리고 있어요.

영양제도 소용없고 몸에 좋다는 약도 소용없어요. 차 안에서 그저 눈물을 뚝뚝 흘리다 눈물이 터져버려요. 들썩이는 어깨짓 멈출 줄도 몰라요. 그저 울고 싶을 뿐이었어요. 왜 이런 시련을 주시냐며 버거워 미치겠다고 어떻게 해야 하냐며 소리 지르며 울고 싶을 뿐이었어요. 엉엉 소리 내어 울었어요. 이런 시련 앞에 나약하고 초라한 자신을 보며 그저 울었어요. 어깨를 떨며 엉엉 목놓아 울었어요.

나 자신이 너무나 초라하고 나약하고 불쌍하고 가여워서 울었어요. 자기 연민에 빠지지 말라는 말 따위 집어던지며 나 자신을 위해서 울었어요.

너무나 나 자신이 안타까웠어요. 몸을 떨며 오열하며 그렇게 온몸을 다해 울었어요. 아무도 없는 차 안에서 엉엉 목 놓아 울었어요.

꺼이꺼이 울었어요.

욕실에서 쭈그리고 앉아 울었어요

하루의 일과를 끝내고 집으로 온 아이는 씻으라는 엄마의 백 만번의 소리에 욕실로 들어가요. 따뜻한 물을 틀고 잠시 후 아이의 흥얼거리는 노랫소리가 들려요. 아이의 샤워 타임은 항상 놀이타임이에요. 아이 어릴 적엔 욕실에서 치우기 힘든 물감놀이들을 했었어요. 물감 크레파스도 욕실벽면에 그리고 바르고 놀다 물로 씻어내면 되고 아이도 그대로 씻기고 나오면 되니까 세상 편했어요. 온 몸이 불어 터질 때까지 욕조 속에 들어가 아이스크림 놀이를 했어요. 이 아이스크림주세요 저 아이스크림주세요 같은 패턴의 무한반복 놀이 지치지도 않나 봐요. 결국 엄마가 백기를 들고 밥 먹자며 먼저 빠져나와요. 아기에서 제법 큰 아이는 욕실에 들어가면 노래를 흥얼거려요. 아이돌 춤도 추며 노래도 부르며 가수 데뷔하는 줄 알겠어요. 그렇게 실컷 에너지를 발산한 아이는 개운한 미소를 지으며 욕실에서 나와요.

엄마에게 욕실은 그런 놀이공간이 아니었어요. 드라마 속 장면이 이해가 돼요. 욕실에서 뿌예진 거울을 닦으며 눈물 짓는 얼굴이 나오잖아요. 왜 그런지 알겠어요. 울기에 딱 편한 장소가 욕실이었어요. 따뜻한 온기로 점점 뿌옇게 되는 욕실 안에서 따뜻한 샤워 물줄기를 받으며 마냥 서있어요. 뿌예지는 거울처럼 눈앞도 점점 뿌예져가요. 눈물인지 샤워 물줄기인지 물줄기를 따라 눈물 줄기도 뒤섞여 뚝뚝뚝 떨어져요. 미용실에서 샴푸 때 두피마사지를 해주면 참 편안하잖아요. 그런 느낌인 것 같아요. 따뜻한 물이 머리를 마사지해줘요. 따뜻한 물이 몸을 따뜻하게 해줘요.

샤워 물줄기를 맞으며 눈물을 흘려요. 눈물인지 샤워 물줄기인지 모르겠어요. 나오는 눈물 물줄기로 쓱 닦아버려요. 따듯함이 몸을 오히려 웅크리게 만들어요. 쭈그리고 앉아 울었어요. 머리위로 떨어지는 물줄기가 따뜻해요. 등을 타고 떨어지는 물줄기가 따뜻해요. 눈물을 뚝뚝 흘리다 소리 내어 울었어요. 그 울림이 순간 움찔하지만 울림이 있어 나에게 되돌아와 더 시원해요.

눈물인지 샤워물줄기인지 실컷 흘리고 나서 욕실청소를 해요. 왜 하고 싶은지는 모르겠어요. 마음속에 남아있는 찌꺼기들을 씻어내듯 욕실벽면을 씻어내요. 욕실 청소를 하며 쭈그리고 앉아 울어요. 다시 또 청소하다 울다 청소하다 울었어요.

욕실은 울기에 딱 좋은 장소예요. 휴지로 눈물 닦을 필요 없고 휴지로 코를 풀 필요도 없어요. 울고 난 뒤 앞에 잔뜩 쌓인 휴지들을 마주할 필요가 없어요. 실컷 울고 그저 씻어내면 돼요. 울고 난 뒤의 마무리가 깔끔해요. 샤워꼭지로 다 쓸어내려요. 욕실의 때도 자신의 마음의 때도 다 쓸어내려 배수구로 보내버려요.

그렇게 마음청소를 하고 나오면 문 하나사이로 다른 세상이 나와요. 로션을 바르고 차가워진 몸을 옷을 입으며 따뜻하게 해줘요. 몸도 마음도 개운해졌어요. 아이나 엄마나 개운해진 건 같나 봐요.

하늘이 너무 맑아서 울었어요

초등학생 때였어요. 하늘이 무서워진 건. 학교운동장에서
하늘을 올려다보며 팔벌려 도는 놀이를 하고 있었어요. 갑
자기 하늘이 너무 무서운 거예요.

그날은 구름이 해를 먹어버린 날이었어요. 어둑한 시커먼
구름들이 무섭게 나를 내려다보는 것 같았어요. 커다랗고
큰 구름이 무서운 형상을 하고 금방이라도 나를 삼켜버릴
듯한 모습으로 나를 내려다보는 것 같았어요. 조그만 초등
아이의 머리위에서 무섭게 내려다보는 하늘이 너무나 무
서웠어요. 이후로 하늘을 보는 게 무서웠어요.

커서는 하늘 볼일이 없었어요. 아스팔트 지하철 빌딩 빠르게 직진하며 살던 삶이니 위를 볼 시간이 없었어요. 그저 앞으로만 앞으로만 직진 직진하던 삶이죠.

후진하지 않으려고 용쓰며 살았어요. 후진은 안돼요. 뭔가 나만 뒤처지는 느낌이니까요. 돌아가서도 안돼요. 뭔가 나만 늦게 가는 느낌이니까요. 양보도 안돼요. 뭔가 나만 손해 보는 느낌이니까요.

항상 직진하는 삶에서 어느 날 정체되어 있는 삶이 왔어요. 이대로 고여 썩어버리는 게 아닐까 하는 생각이 들어 마음이 조급해요. 이대로 살면 안 될 것 같아서 자꾸 이렇게 해야 되고 저렇게 해야 된다고 반드시 이렇게 하자 다짐을 해요. 끝도 없는 결심이에요. 끝도 없는 노력이에요.

살다보니 그런 시간들을 지나 감당할 수 없는 슬픔에 하늘을 올려다보는 시간들이 오네요. 한참을 그대로 멈췄어요. 울고 울다 눈물을 닦고 몸을 일으켜 바깥공기를 마시고 싶어 나왔어요. 산책을 해요. 하늘이 너무 맑아요. 이렇게나 하늘이 예쁜 줄 몰랐어요. 그렇게 무섭던 구름도 너무나 뭉게뭉게 동실동실 포근할 수가 없어요.

힘들 땐 하늘을 봐 이 말이 이해가 되었어요. 지칠 때 하늘을 왜 봐야하는지 그 맑고 깨끗한 하늘색이 스카이블루 같은 그 색이 마음을 굉장히 개운하게 해줘요.

탁 트인 하늘이 좁아진 마음을 허물없이 무너뜨려요. '뭘 그렇게 힘들어해? 별거아냐 이겨낼 만큼의 힘듦을 준다잖아. 툭툭 털어버려.' 이런 메시지를 주는 것 같아요. 마음이 가벼워져요.

높은 곳에서 뷰를 보려면 비싼 돈을 지불하고 보잖아요. 등산을 한다 해도 힘든 과정을 묵묵히 지불하고 올라가야 정상에서 바라보는 뷰를 만끽하잖아요. 힘들게 올라온 땀방울을 식히며 뷰를 보며 한순간에 보상을 받잖아요.

사람들이 고층으로 가는 것도 높은 곳에서 아래를 내려다보면 내가 지금 하는 고민은 아무것도 아닌 조그만 것들로 보이니까요. 하늘이 상처받고 연약해져있는 자신을 포근히 감싸 안아주는 것 같아요. 하늘이 바로 눈앞가까이 있어 마음이 커지고 부드러워져요. 옥죄었던 생각도 넓어지고 마음이 평온해져요. 너무나 맑은 하늘과 구름이 힘을 내라고 우리를 위로해줘요.

힘이 들때는 하늘을 올려다봐요. 하늘이 너무나 맑아서 눈물이 나요. 그 맑은 기운이 마음을 정화시키고 치유를 해줘요. 너무나 맑은 하늘이 우리의 슬픔을 위로해주는 것 같아요. 힘든 이 시간들도 다 지나간다며 어떤 수많은 말들보다 조용히 응원해주는 것 같아서 눈물이 흘렀어요.

그런 노래가 떠올라요. '힘이 들땐 하늘을 봐 ♫ '
오늘의 하늘도 우리를 응원하네요.

흐르는 눈물 바람에 튕기며

집으로 오는 길이었어요. 신호등 앞에 대기 중이었죠. 이제 초록불로 바뀌었어요. 몇 걸음을 떼는데 머릿속 떠돌던 생각조각들이 슬픔 포인트를 건드렸나 봐요. 갑자기 눈물이 스르르 맺혔어요. 금세 또르르 흘러내려요. 때마침 불어오는 바람에 검지를 세워 튕겼어요. 횡단보도위에 눈물 한두 방울이 떨어졌겠죠.

당황스럽지만 부끄럽진 않아요. 사람들이 이상하게 볼까 시선이 두려워 애써 고개를 돌리고 숙이고 싶지 않았어요. 자연스러운 감정이라는 생각이 들었어요. 많이 울고 많이 운 것을 허용하다보니 눈물이 자연스러운 감정이 되었나 봐요. 횡단보도를 건너다 문득 쭈그리고 앉아 엉엉 운다면 '아이고 빨간불로 바뀔 텐데' 하며 안전부터 걱정하겠죠. 좌우살피며 울 때 울더라도 그 사람을 안전한 장소로 안내하고 싶겠죠.

멀쩡한 두 다리로 걷다 눈물이 또르르 떨어지는 것은 지극히 자연스러운 일이잖아요. 대낮에 대놓고 사람들 많이 오가는 신호등 길에서 울고 오는 여자를 편안하게 보는 사람은 드문가 봐요. 안 볼래야 안 볼 수가 없는 마주 오는 상황이잖아요. 눈물을 뚝뚝 흘리며오는 여자는 무슨 엄청난 사연을 가진 여자 같아서 흘깃흘깃 보게 되잖아요. 왜 길 다니면서 질질 짜고 저러냐 할 수 있겠죠.

드라마나 영화에서 남친과 헤어져서 눈물이 그렁그렁한 채 신호를 건너는 여자의 모습은 많이들 봤잖아요. 길가면서 우는 젊은 여자는 남친이랑 헤어져서 그런가 마음속으로 미뤄 짐작도 하잖아요. 길가면서 우는 아이엄마는 왜 울까요? 그런 모습 본적 있으세요? 눈물을 흘리며 신호를 건너는 아이엄마의 눈물은 어떠한가요? 뭔가 흘리지말아야할 것 같은 보이지말아야할 것 같은 눈물인가요? 예전 아이가 잘 들어서지 않아 불임검사 등 여러 검사를 하려고 큰 병원에서 대기중이였어요. 대기의자에 앉아 휴지도 없이 곤혹스럽게 운 기억이 나요.

어떤 아이엄마가 00야~00야~목이 터져라 부르며 초점 없는 눈빛으로 사람이 바글바글 많은 1층 로비를 저 끝에서 끝으로 온 사방을 헤집고 다니고 있었어요. 뭐지? 왜 저러지? 했는데 저기 로비끝 쪽에서 어떤 아이가 쪼르르 뛰어오는 거예요.

아이엄마는 정신없이 달려가 아이를 껴안고 풀썩 주저앉아 울었어요. 그 모습에 저도 쿵하고 내려앉으면서 눈물이 뚝뚝뚝 떨어지는 거예요. 아이를 키우며 우리는 그런 공포를 마주하지 않으려고 애쓰며 한순간도 눈빛이 떨어지지 않아요. 한순간 놓친 눈빛에 그런 순간을 맞이하기도 하잖아요.

그 날은 아파트단지 안에서 퀵보드를 타고 집으로 가겠다고 차에서 먼저 내린 아이가 단지 입구서 아무리 기다려도 안 오는 거예요. 이상하다며 차를 돌고 돌아도 아이가 보이지 않아요. 차에서 내려 아이를 찾았어요. 정말 미친 여자가 어떤 여자인지 알겠어요.

눈은 왜 이렇게 나빠진걸까요? 앞이 또렷이 보이지도 않고 아이형상만 찾아 00아~00아~목터져라 부르며 머리는 쉴 새 없이 좌우를 움직이고 다리는 쉴 새 없이 뛰어다니며 아이를 찾았어요. 정신은 안드로메다로 가고 그러기를 얼마 후, 남편이 아이와 통화가 되었다고. 집에 있다고.

 풀썩 주저앉아 오들오들 떨며 울었던 기억이 나요. 그런 아이엄마를 일으켜주시던 산책하던 노부부의 내민 손이 그렇게 고마웠어요. 혼자서는 일어날 수도 없었어요. 다리가 후들거려서 일어나지도 못하고 한 겨울 그 차가운 바닥에 앉아 오들거렸어요. 부축을 받으며 일어나 집으로 온 기억이 나요. 아이를 키우기 전인데도 그 엄마의 눈물에 같이 공감하며 눈물을 흘릴 수 있는 것도 엄마가 되려하는 같은 여자이기 때문이잖아요. 길을 가다 눈물을 흘리는 아이엄마를 보면 같은 엄마이기에 그 속을 다 알 수는 없지만 미뤄 짐작하며 같이 공감하잖아요. 눈물은 비단 슬픔만 있는 것은 아니더라고요. 눈물은 감동했을 때도 눈물이 나요. 아이가 너무 이쁠 때도 뭉클하면서 눈물이 나지 않나요? 자는 아이 등보며 미안해서 나는 눈물, 건강하게 잘 커줘서 깔깔대고 웃는 아이의 웃음소리가 고마워서 나는 눈물, 돌아가신 엄마가 그리워서 나는 눈물, 눈물은 참 종류가 다양해요. 지극히 자연스러운 감정이예요. 누르거나 삼키려 애쓰지 않아도 되는 지극히 자연스러운 감정인거죠. 누구의 허락과 동의하에 우는 장소를 제공받아 우는 것이 아니었어요.

아이엄마가 아니더라도 누군가가 눈물을 흘리며 신호등을 마주하며 건넌다면 호기심어린 눈빛대신 네 울고싶을때는 울어요. 눈빛으로 지나가겠어요. 눈물에 가벼워진 마음을 모르는 타인에게도 허용하겠어요.

눈에선 눈물이, 입은 미소를 지으며 건너편 오는 사람들의 흘깃하는 눈길 가볍게 스쳐 지났어요. 흐르는 눈물 바람에 튕기며 그렇게 신호등을 건넜어요.

유튜브에서 절대 찾을 수 없는 것

방법과 해결법을 찾아 유튜브를 헤매고 찾아요. 알고리즘
이 보라고 준 영상을 보며 자신의 아픔을 마주해요. 한 조
각의 퍼즐을 찾았어요. 눈물이 나며 공감이 돼요. 그러면
서 방법도 가르쳐주니 해소가 된 것 같아요.

그래 이렇게 해야지 저렇게 해야지 다짐도 하고 마음의 공
감도 얻었어요. 유튜브를 닫으면 그냥 그 자리에 머물러
변함없이 아파하고 있는 자신을 봐요. 수많은 영상을 봐도
왜 자신은 그대로일까요? 유튜브에서는 절대 찾을 수가 없
었어요. 자신만의 스토리를요. 영상을 보며 위로를 받고
힐링을 받고 공감을 한다고 해도 자신의 스토리 중 한 조

각일 뿐이에요. 수많은 이야기가 있지만 자신만의 이야기는 없어요. 자신만의 이야기를 찾아 공감과 위로와 해결방법을 찾으려고 밖으로 나가서 아무리 찾아봐도 찾을 수가 없었어요. 찾아도 한 조각의 퍼즐일 뿐이었어요. 결국 자신만의 이야기는 자기 자신 안에 있기에 찾을 수가 없었어요.

한 조각의 퍼즐을 찾아 그래 찾았어 유레카를 외치며 자신의 인생해결법을 찾은 것 같아도 결국엔 다른 조각들을 찾아 또 헤매는 일상이 반복이에요. 자신만의 이야기는 그어디에서도 찾을 수 없어요. 자신만의 마음 안에서 찾아야 하니까요. 잃어버린 밥주걱을 찾아 밖에서 헤매는 것과 같아요. 얼마나 답답하면 그럴까하지만 정작 자신의 마음상자는 열어보지 않은 채 밖으로만 찾고 있어요.

자신의 이야기를 온전히 찾기 위해 안으로 눈을 돌려요. 한조각의 퍼즐을 찾아 공감 받고 잠시의 눈물로 눈가리고 아웅할 수는 없어요. 자신의 이야기는 자신만이 안다고 하지만 정작 모르고 있는 것도 자기 자신이에요. 나만의 이야기를 찾아 자신을 관찰하고 들여다봐요. 남에게 이야기하기 쪼잔해 보여 남에게 이야기하기 좋게 그럴싸하게 포장할 이유도 없어요. 나 자신이 살아온 나의 이야기니까요. 참 그럴 때는 나도 마음이 많이 아팠겠구나. 그때 그래서 나도 나를 외면했구나. 그때 쪼잔해 보일까봐 대범한 척 웃고 넘어갔구나. 쿨한 게 멋지다고 생각해서 쿨한 척 했구나. 그 누구에게도 피해주면 안된다고 생각해서 외면했구나.

가장 큰 피해자가 설혹 자기 자신이 될지라도. 혼자 마음 불편한 게 낫지 여러 사람 마음 불편한 건 감당하기 힘드니까 그렇게 넘어갔구나. 자신을 들여다보면 그때의 나와 지금의 나 자신이 이해가 돼요. 못났다 잘났다 잘했다 못했다 할 필요 없이 그냥 인정하고 이해해줘요. 어디에서도 찾아볼 수 없는 자신만의 상황과 이야기들을 이해해줘요.

쉽게 접할 수 없는 수많은 세계적인 자료와 석학들과 유명인들을 집안 이불안에서 클릭하나로 편하게 접하고 나갈 수도 있어요. 그러기에 손쉽게 보고 읽고 소모해요. 그런 하루를 보내고 나면 나의 하루는 어느새 유튜브가 잡아먹어버렸어요. 자신의 하루는 사라지고 자신의 이야기는 묻히고 자신의 아픔은 그대로예요. 치유를 찾아 길을 떠났는데 길도 못 찾고 집도 못 찾고 다음날 눈뜨면 길바닥에서

잠든 자신을 봐요. 손에는 핸드폰을 쥔 채로. 허탕만 치는 일상을 계속 반복해요. 자신만의 이야기를 풀어나가기 위해 자신의 마음을 들여다봅니다. 자신만의 이야기를 스스로 풀어나가다 보면 자신이 조금씩 이해가 되요. 참 바보같을 때도 있었고 참 어이없을 때도 있었고 너 좀 멋있다 할 때도 있었고 희로애락이 들어있어요. 같은 희로애락이지만 완전 다른 자신만의 희로애락이에요.

자신을 이해하기 시작하면 자신을 위해서 기꺼이 눈물을 흘릴 수 있어요. 너무나 사랑스럽고 너무나 소중한 존재이기 때문이에요. 세상에는 수많은 사람이 있어도 자신은 오직 한명이잖아요. 자신을 이해를 하고 눈물을 흘리며 치유하다보면 다른 사람을 위해서도 기꺼이 눈물을 흘릴 수 있어요. 그들의 아픔에 그들의 슬픔에 공감이라는 눈물을 흘릴 줄 아는 사람이 돼요.

유튜브에서 자신의 이야기 한 조각을 찾아 헤매지 말고 자신안에서 찾아보면 자신의 풀스토리를 찾을 수 있어요. 그건 어디서도 찾을 수 없는 보물이에요. 누구의 인생이 아닌 바로 자기 자신만의 인생 이야기니까요.

자신을 이해하기 시작하면

자신을 위해서 기꺼이 눈물을 흘릴 수 있어요

너무나 사랑스럽고 너무나 소중한 존재이기 때문이에요

세상에는 수많은 사람이 있어도 자신은 오직 한명이잖아요

실컷 울고 나니 살아야겠다는 생각이 들었어요

엄마 다 울었어?

아이가 물어요. "엄마, 다 울었어?"
아이에게 물었어요. "엄마 우는 모습 보고 어땠어?"
"엉뚱했어."
"왜?"
"울고 싶으면 울면 되지 왜 날을 정해?"

이 단순한 사실을 이제야 알게 된 어른인 체했던 엄마네요. '아이가 얘기한 대로 울고 싶으면 실컷 울면 되지. 울고 싶으면 실컷 울자. 나의 슬픔이 나를 잡아먹기 전에. 엄마의 감정 상처를 치유해가는 과정을 옆에서 봐왔던 아이.

아이에게 마음 상처가 생기면 엄마의 마음은 '쿵' 내려앉아요. 어떻게 해서든 아이의 마음상처를 소독해주고 약 발라주고 밴드 붙여줍니다. 흉터가 되지 않게 노심초사하죠. 아이의 마음케어를 하느라 엄마의 마음이 타들어 갑니다. 엄마인 자신의 마음을 케어하다 보니 아이의 마음케어에도 조금은 가벼워졌어요. 자신의 마음 자기 자신이 알아주고 바라봐주니 조금은 여유가 생겨서 아이의 마음도 들여다 볼 수 있게 되었어요.

아이에게 물었어요.
"엄마가 너의 마음을 얼마큼 알아주는 것 같아?"
"음... 10개 중에 7, 8개?"
"그래 너의 마음 10개 중 7, 8개면 양호하네. 나머지는 네가 잘 알아줘 알았지?"
"응"
아이의 이 '응' 한마디에 울컥해집니다. 엄마도 엄마마음을 잘 알아주지 못했고 알아도 모른 척하고 지냈으니까요. '응'이라는 이 한마디가 참 고마웠어요.

아이가 커도 아이에게 때때로 책을 읽어주었어요. 아이의 마음을 알 수 있는 건 수많은 엄마의 말이 아니니까요.

그래 우리한번 이야기해보자 작정하고 자리에 앉아도 입을 다문 아이의 입을 열게 할 수는 없잖아요. 엄마도 입이 안 떨어져요.

아이가 속이 상해 울면서 이야기를 해요. 그래 그래 들어줄게. 그래 그래 울고싶으면 울렴. 그래 그래 더 울어라. 많이 많이 울어라. 가슴속에 쌓아두지 말고 억누르지 말고 울어라. 아이에게 물어요. "다 울었니? 더 안 울어도 돼? 그래 밥먹고 생각나면 또 울어" 울음을 권장하는 이상한 엄마입니다.

그렇게 눈물을 편안하게 받아들이니 아이의 눈물에 심장이 '콩' 정도이지 '쿵' 내려앉지는 않아요. 아이의 눈물도 가슴과 머리로 받아들일 수 있었어요. 아이는 울다가 울음을 닦고 다시 일상 속의 웃음을 되찾아요.

스크래치없이 키울 수는 없어요. 그 어디서나 엄마가 마음 케어를 다 해줄 수는 없어요. 스스로의 단단한 힘을 믿어요. 아이의 단단해져 가는 힘을 믿어요. 엄마와 아이 우리의 내면의 힘을 믿어요.

눈물은 화수분

실컷 울고 나니 눈물이 말라버렸다 생각했어요. 웬걸 눈물은 나와도 나와도 계속 나오는 화수분인가 봐요. 내 안에 눈물 공장이 있나 봐요. 계속 나오는 보물단지같이 단지 안에서 끝없이 새끼를 쳐 줄어들지 않는 화수분처럼 눈물도 그런가 봐요. 삼키며 견딘 시간이 얼마인데 일주일 밤낮 울었다고 눈물이 마를까요.

얼마나 울어야지 눈물이 마를까요. 눈물을 안 흘리려 운 것은 아니니까 눈물이 말라서도 안 되겠다 해요.

나이 들어갈수록 자신의 감정에 무뎌지고 둔탁해지고 어느 정도 쉽게 포기도 생겨가잖아요. 포기보단 현명한 타협이라며 스스로 위로를 하면서요.

눈물은 화수분이라 참 다행이에요. 나이 들어가도 화수분 같은 눈물이 자신에게 말을 걸어올 테니까 안심이 돼요. 비단 어른만이 아닌 아이도 울고 싶은 날이 얼마나 많을까요. 어린아이라고 해서 그 마음이 적을까요. 어린아이라고 해서 감정이 작고 하찮을까요. 대단한 일로 울어야 될까요. 뭘 그런 걸로 우니 라고 했던 과거에서 지금은 그런 걸로 울 수 있지 합니다.

나이가 들어갈수록 얼굴표정이 없어지고 일상의 감정들이 자잘하고 의미가 없어지며 감정이 둔탁해질까요? 나이가 든다고 해서 그 마음이 없어지진 않을 것 같아요.

한때는 포커페이스가 멋지다며 나름 포커페이스를 가진 자신으로 살아보려 했었어요. 다른 탈을 써보려 노력했던 시간들이 있잖아요. 포커페이스라 하더라도 자신의 감정에 대해 포커페이스는 아니더라고요. 설혹 그런 사람이 있다면 포커페이스가 아니라 사이코패스 그 어디쯤 되겠죠.

나이가 들어갈수록 눈물이 없어지고 말라간다면 너무나 끔찍할 것 같아요. 그런 삶을 우리는 미리 당겨서 지금 살고 있는 건 아닐까요?

노인이란 단어가 늙을 노 사람 인 늙은 사람을 말하는 거지만 우리는 이미 마음이 늙은 사람인척 살아가고 있는 건 아닌가 해요. 세월에 장사 없다고 한 해 한 해 거부해도 나이는 들어가겠죠. 나이는 들어가도 마음은 늙지 않아야겠어요. 나이가 들수록 얼굴이 어두워지면 안 된다며 밝게 살자고 애써 웃을 필요는 없어요. 나이가 들어가도 희로애락은 있으니까요. 굳이 슬픔을 애써 감추면서 살다 둔탁해져버린 나이든 노년을 맞이하지는 말아요.

사람만이 가질 수 있는 감정이라는 소중한 보물을 잘 보듬어줘요. 슬프면 슬픈 대로 허용해주면 깊이 있는 눈빛의 노년이 올 테니까요.

눈물이 화수분이라 참 고마워요. 나를 위한 남을 위한 눈물이 나이가 들어도 계속 화수분처럼 나올 테니까요. 그렇게 자신의 삶을 풍요롭게 해줄 테니까요.

불안이 올라올 때

폭풍 같던 시간들은 지나가고 평온이 찾아왔어요. 아무 일도 일어나지 않아요. 특별한 일도 없어요. 그런데 왜 스멀스멀 뭔가가 불편해요. 뭐가 그렇게 불편하지? 내 안의 찌꺼기들을 다 내어놓은 것 같은데 뭐가 불편한 거지? 불안이었어요. 불안도 습관이었어요. 습관처럼 올라오는 불안을 마주해요.

이대로 살면 안 된다고 이대로 살지 말라고 내 안의 불안이 나 자신을 종용해요. 이대로 괜찮지 않다며 뭔가를 더 해내야한다고 해요. 더 나은 삶을 위해서 이대로는 부족하다고 이야기해요.

현재를 살지 못하고 있어요. 지금 이 순간에 있지 않고 항상 미래에 마음이 가 있어요. 몸과 마음이 미래에 있으니 항상 종종걸음치고 지금 이대로의 자신을 부정해요. 더 나은 더 빠른 더 좋은 더 더 더에 목말라해요.

To do list 해야 할 일은 적을 것이 많아요. 버킷리스트 정작 하고 싶은 것은 죽기 전에 하고 싶은 것이라며 죽기 전에 하려고 미뤄요. 죽기 전에 하려면 기력이 딸려 못 하는데 말이죠. 자기 계발이 대세인 요즘이죠. 자기 계발이 엄마들의 세계에 들어온 지도 오래되어 그렇게 하지 않으면 게으르고 무능한 엄마가 되죠. 아이 교육 잘 시켜야 하고 잘 시키는 것이 아웃풋이 빨리 나와야 하죠. 아이가 백점을 맞고 1등을 하고 아웃풋이 나와야 교육을 잘 시키는 것이 돼요. 아이 건강도 잘 챙겨야하죠. 아이 키도 엄마 손에 달려있다고 하죠.

아이는 스스로 건강을 챙기기에 너무나 유혹들이 많으니 엄마가 단도리치고 영양제도 챙기며 먹거리도 챙겨야하죠. 유기농이라며 좋은 재료까지는 아니더라도 어느 정도 이름있는 쉐프는 되 줘야 아이가 잘 먹고 잘 큰다고 취미에 맞지 않는 요리도 열심히 공부하죠.

남편건강도 아내 몫이라며 현명한 아내는 남편에게 이렇게 내조를 한다며 연일 방송에서 광고에서 은근히 아내들을 압박하죠.

돈버는 아내는 너무나 당연한 이야기이고 퇴근후 집도 깔끔하게 정리하고 밥도 잘 하는 워킹맘이 되어야하죠. 돈을 버는 직장을 다니지 않는 전업주부인 엄마는 재테크라도 해서 불려야 게으른 엄마가 되어버리지 않아요.

그 와중에 몸매관리도 해야 되죠. 배가 나오고 살이 찐 엄마는 부끄러움의 대상이 되고 게으름의 표본이 되고 아이 낳고 찐 살은 핑계대는 나태한 엄마일 뿐이 되죠.

이루 더 이야기할 것도 없어요. 엄마 몸이 하나인 게 이상하죠. 그러니 이건 자기 계발인건지 자기 파괴인건지 모르겠어요. 아무리 해도 끝이 없어요.

노력에는 끝이 없어요. 가족에게 인정받는 것이 끝이 있을까요? 자기 자신에게 인정받는 것이 끝이 있을까요? 자기 계발에 끝이 있을까요? 끝이 보이지 않는 그 무언가를 향해 계속 노력하며 전전긍긍해나갈 뿐이죠.

죽음엔 끝이 있죠. 끝이 있는 죽음 향해 끝없는 노력을 무장하고 계속 달리고 있어요. 쉴 수 도 없어요. 토끼와 거북이처럼 쉴 때 토끼가 먼저 뛰어가 버리니까요. 현실은 동화가 아니니까요. 더욱 더 잘해야 하니까요. 울고 나니 자기 자신이 더욱 선명하게 보여요.

이런 저런 걱정을 꺼내는 아이에게 자주 했던 말이에요.
"그래 괜찮아 다 괜찮아 알지?"
한 번씩 아이를 꼭 껴안으며 말해요. "괜찮아 괜찮아 다 괜찮아 알지?"

사실 이 말은 나 자신에게 하는 다독임이었어요. 내 안의 불안이 올라와서 생각이 많아질 때 자신에게 속삭인 말이었어요. 설거지할 때 참 많이도 속삭였어요.

자기 자신에게 오늘도 속삭여봅니다.
"괜찮아 괜찮아 다 괜찮아 알지?"

눈물이 주는 카타르시스

땀 송글송글 맺히며 가벼운 운동을 하고 나면 참 상쾌해요. 땀 뚝뚝 흘리며 올라간 산 정상에서 바라보는 풍경은 참으로 장관이죠.

눈물을 실컷 흘리고 나니 알 수 없는 평온함이 찾아와요. 자신 안에 맺혀있던 무언가가 포텐터지듯 탁 터트리고 찾아오는 충만감 같아요. 오르락내리락 불안정하게 파도치는 리듬이 서서히 가라앉으며 자기 자리를 잡아요.
눈물은 참으면 참을수록 흘러넘치고 오히려 흘려보내버리면 개운해져요.

눈이 아프고 눈꺼풀이 무거워 제대로 눈을 뜨지 못해도 마음은 가벼워요. 코로나로 집에만 갇혀 있다가 바깥을 나가면 바깥공기가 주는 상쾌함이 그렇게 고마울 수가 없잖아요. 그런 마음이었어요. 울고 또 울고 눈물을 흘리다 세수하고 현관문을 열고 바깥공기를 맡으니 바깥세상이 참으로 고맙게 느껴졌어요. 그동안 잘 지내고 있었구나. 실컷 울 동안 변함없이 너는 맑은 하늘과 뭉게뭉게 흰 구름을 띄우고 솔솔 바람도 불어주고 있었구나.

눈물을 흘리는 것은 자신의 감정을 받아들인다는 거예요. 슬픔을 거부하고 다른 감정으로 대체해서 살 수는 없어요. 결국 그 감정이 더 깊은 슬픔으로 자신을 삼켜버릴 테니까요. 자신의 눈물과 마주해보세요. 슬프면 슬프다고 울어버려요. 그렇지만 눈물을 흘린다고 해서 문제가 해결되지는 않아요. 하지만 자신의 마음은 한결 해결되어져요. 눈물은 한 방울이지만 마음속에 눈물 한 방울은 1kg이예요. 다이어트로 1kg줄이기가 얼마나 힘든가요. 1kg줄인다고 티도 안나요. 눈물은 너무나 티가 나요. 가벼워진 마음이 다이어트후의 가벼워진 몸과 같아요. 울고 울어도 눈물이 마르지 않지만 울고 울 그 시간은 절대 필요해요.

감정에 빠져 허우적대기 싫어 거부하고 이성을 찾으려고 안간힘을 썼는데 실컷 울고 나니 이성이 찾아와요. 오히려 정신이 더 또렷해지며 거기다 이성적이 되면서 상황이 선명하게 보여요.

무언가를 시작할 의욕도 생겨요. 기본적인 먹고 자는 것도 못해서 힘든 나날이었지만 좋아하는 음식을 먹고 싶은 욕구도 생기고 푹 잠도 잘 자요. 긴장되고 움츠렸던 몸이 편안하고 이완이 돼요.

눈물이 마음과 몸을 건강하게 만들어줬어요. 신경이 예민해지고 스트레스가 더 쌓일 것 같지만 실컷 울고 난 뒤의 눈물은 상쾌함 그 자체였어요. 눈물은 강력한 치료제였어요. 파동이 완전히 없을 수는 없겠지만 격렬한 파도에서 잔잔한 파도가 되었어요. 평온함에 마음이 차분하고 몸과 마음이 개운해졌어요. 눈물이 주는 카타르시스인가 봐요.

자신을 위해 울어본 사람이 강한 사람

자신을 위해 울어본 적이 있으신가요?

우리는 아이에서 쉽게 울지 못하는 어른으로 성장해요. 우는 것이 부끄럽다고 생각하죠. 어떤 사람에게는 운다는 것은 수치스러운 일이라 생각해요. 눈물은 여자의 무기라고 하죠. 불리하거나 우세를 점하거나 위로받고 싶거나 등등의 이유로 눈물이 무기가 된다고 해요. 분명 눈물은 무기예요. 자기 자신을 지키고 자기 자신을 일으켜 세워요. 다시 추스르고 삶을 살아가게 하는 무기예요. 제대로 된 무기를 장착하지 않고 그저 무기를 내세우며 전시품마냥 쓴다면 눈물은 자기 자신에게 아무 소용없는 전시품일 뿐이죠.

눈물을 흘린다는 것은 약하다고 생각해요. 감정에 의존하는 것은 약하다는 거죠. 감정보다는 이성을 추구해요. 이성적인 사람이 똑똑해 보이고 스마트해 보인다고 해요.

우리는 언젠가부터 AI가 되려고 해요. 감정 따위라며 감정에 빠져 허우적댄다며 한순간에 저차원적인 사람이 되어버리죠 감정을 무시하고 이성을 동경하며 논리적으로 보다 냉철한 사고를 하려 해요. 그런 사람을 똑똑하다고 생각하고 그런 사람을 부러워도 하죠. 그런 사람이 되려고 애쓰죠.

우리가 괴롭게 사는 이유도 감정 따위라며 치부한 그 감정 때문이죠. 이성적으로 사는 사람을 멋있다고 생각하며 감정적인 사람을 감정에 빠져 허우적대는 사람이 되면 안 된다고 해요. 감정을 소중히 하는 사람이 마음이 단단한 사람이에요. 마음이 단단하다는 것은 휩쓸려서 다니는 것이 아닌 자신의 기준을 잡고 내면의 세계를 다져온 사람이에요. 그 세계는 자신의 감정을 마주할 때 오는 것이죠.

그런 사람에게서는 향기가 나요. 삶이 단단한 뿌리 깊은 향기. 강인함과 따뜻함이 있어요.

오직 튼튼하고 강인해야한다면 어느 날 뚝 부러지겠죠. 부러져서 다시 붙이기도 힘든 날이 오면 일어나기가 그 누구보다 힘이 들어요.

갈대가 바람에 이리저리 흔들려도 부러지지 않는 것은 부드러움 덕이죠. 부드럽다는 것은 다름을 인정하고 이해하기에 나도 남도 수용이 되어 따뜻함으로 나오잖아요.

남을 배려하고 살라고 해서 살았는데 더욱 공허해지는 삶을 사는 사람이 되는 이유도 남을 배려하고 자신을 배려하지 못하기에 공허하고 텅 빈 자괴감이 와요.

자신의 감정에 마주하면 자신을 이해하고 자신에 대해 따뜻해져요. 그런 감정들이 자신을 덮고 덮으면 그 따뜻함이 다른 사람을 이해하게 돼요. 그런 사람이 내면이 단단한 사람이에요.

자기 자신을 위해 울어 줄 수 있는 사람
남을 위해 울어 줄줄 아는 사람
그런 사람이 진정 강한 사람이에요.

내 삶을 바꾼 눈물

눈물은 치유였어요. 눈물을 흘린 그 시간은 아픔과 고통이었지만 흘리고 난 뒤의 시간은 힐링이었어요. 실컷 울고 나니 살아야겠다는 생각이 들었어요. 아래로 아래로 계속 꺼져 들어가는 몸과 마음이 조금씩 일으켜 세워졌어요.

한 발짝도 걷기 싫었던 마음이 바깥세상에서 상쾌한 공기를 마시며 걷고 싶다는 마음이 들었어요. 집안에서 걷고 바깥으로 나가서 걷기 시작했어요. 걷는다는 것이 이렇게나 멋진 일이라는 걸 알았어요. 걸으며 나 자신이 살아있음을 느꼈어요.

동네 한 바퀴를 돌고 오고 동네 작은 공원 한번 산책하고 오는 것뿐인데 자신에게 생명력을 느꼈어요.

상황은 별반 달라진 것은 없지만 내 삶의 마음은 격변했어요. 살아야겠다. 일어나야겠다. 새벽 기상은 변함없고 가정에서의 나 자신의 할 일도 변함이 없지만 예전과는 다른 가벼운 마음이에요.

나 자신에 대한 평가를 멈추게 한 눈물. 그 눈물의 시간은 내 삶에 대한 사랑이었어요. 삶을 바라보는 태도와 시각을 바꾼 눈물이었어요. 펑펑 울고 운 자신이 사랑스러웠어요.

눈물은 신세 한탄도 아니고 배부른 감정도 아니었어요. 눈물은 사치라며 먹고 살기도 바쁜데 거기에 빠져있을 수 없다고들 해요. 가족이 열심히 살아가고 있는데 그까짓 슬픔에 머물고 있으면 안 된다며 얼른 벗어나서 열심히 살아야 된다 해요.

눈물은 사치가 아니에요. 감정의 사치라고 눈물을 배부른 자의 것으로 넘겨버리면 자신에게 혹독하고 가혹한 시간들이 이어져요.

자신의 눈물을 받아들이지 못하니 타인의 눈물에도 인색해지고 받아들일 수가 없어져요. 아이의 눈물에도 뚝! 그만 울라며 강압적으로 막아버리게 되잖아요. 그러면 아이는 아, 눈물은 나쁜 거구나라고 아이의 마음에도 눈물을 받아들이지 못하게 돼요.

눈물은 자신을 위로해줘요. 눈물이 자신에게 더 울지 말라든지 그렇게 하지 말라든지 하는 제어적인 방식이 없어요. 울다 보면 눈물이 자신에게 말을 걸어요.

힘들었구나 그래 울어도 돼~
지쳤구나 그래 울어도 돼~
괴롭구나 그래 울어도 돼~

뭘 하지 말라고 하지 않아요. 그래 그래도 돼~울어도 돼~ 눈물이 자신에게 미소를 짓고 있어요. 그래도 된다고 울고 싶으면 울라고 울 수 있는 용기를 줘요.

우는 것에도 용기가 필요한 세상이에요. 자신의 눈물을 마주한 순간 눈물이 자신에게 위로와 치유를 줘요. 자신의 눈물을 따뜻하게 바라봐주세요.

그런 시간을 함께하고 나서 창문을 열고 환기를 시키며 따뜻한 햇살을 맘껏 취해 봐요. 묵었던 이불도 깨끗이 빨아요. 건조기에 돌리고 난 뒤 꺼내서 그 뽀송하고 따뜻함을 포근히 느껴요.

그 느낌처럼 저에게 눈물은 그랬어요. 차갑지만 시리고 따뜻하지만 뜨거운 눈물이었어요. 내 삶을 바꾼 눈물.
참 고맙다.

자신을 위해 울어본 사람이 강한 사람

자신의 감정에 마주하면
자신을 이해하고 자신에 대해 따뜻해져요.
그런 감정들이 자신을 덮고 덮으면
그 따뜻함이 다른 사람을 이해하게 돼요.
그런 사람이 내면이 단단한 사람이에요.

자기 자신을 위해 울어 줄 수 있는 사람
남을 위해 울어 줄줄 아는 사람
그런 사람이 진정 강한 사람이에요

울고 싶으면 울어도 괜찮아요

이래라저래라 대신
우리가 원하는 것은 공감

이렇게 해라 저렇게 해라 수없이 많은 방법론을 제시하고 그 속에서 어떤 대단한 스킬이라도 얻을까 해서 기웃거리다 지쳐버려요.

슬픔에서 빠져나오는 방법은 참 많기도 해요. 하루빨리 그 슬픔에서 빠져나오라고 해요. 안전하지 않고 위험한 환경이라며 억지로 밝은 곳으로 빨리 나오라고 해요. 자신의 경험을 이야기하며 나도 그랬다며 나는 더했다며 밥숟가락에 포크, 나이프까지 얹으며 슬픔 배틀을 해요. 이겨내라고 정신차려야한다고 따끔하게 이야기도 하죠. 엄마가 그러면 안 된다고 아이를 생각하라고 하죠.

아이를 생각해서 툭툭 털고 강해지라고 해요. 강해져야하는데 슬픔에 맞설 힘도 없고 자신감도 그럴 기력도 남아있지 않아요. 슬픔에 잠겨있지 말고 뭐라도 하라고 테니스를 하든 운동을 하든 그림을 그리든 영화를 보든 뭐든 하라고 해요. 인생 별거 있냐며 욜로라며 여행도 다니며 삶을 즐기며 살라고 해요. 옷도 좀 신경 써서 입으라고 해요.

이겨낼 만큼의 고통을 주니 그래도 이만하길 다행이다 생각하며 지금 가진 것에 감사하며 털고 일어나라 해요. 한순간 있는 것에 감사하지 못하고 욕심을 내는 사람이 되어버려요. 기운내고 살다보면 좋은 날이 온다며 씩씩하게 살아가라 하죠. 이렇게 살아봐라. 저렇게 살아봐라. 이런 방법 저런 방법 별별 방법.

위로해주는 건데도 왜 고맙다는 말이 나오지 않은 걸까요? 위로의 말에 고맙다는 말이 나오질 않아요. 어떤 책에서도 글에서도 말에서도 다 맞는 말인데 왜 이렇게 그 말들이 더 힘들게 할까요? 때로는 너무나 큰 상처가 되기도 해요.

그러다 보니 알았어요. 이래라저래라 대신 정작 자신이 원하는 것은 공감이었다는 것을요. 이렇게 살아봐라 저렇게 살아봐라 대신 그저 자신의 이야기를 들어줬으면 한다는 것을요. 상대의 이야기를 들어준다는 건 그 시간 그 감정에 함께 있어 준다는 거였어요. 그래 너는 이야기해라. 이야기 다 듣고 있다며 다른 일하며 눈동자가 바쁜 사람을 앞에 두고 더 서글프잖아요. 그저 그 시간 그 감정에 함께 있고 싶었을 뿐이었어요.

의미 없는 힘내, 너무도 환하게 웃으며 얘기하는 파이팅이라는 말 대신 그저 어깨 토닥토닥해주는 그 눈빛하나를 바랬던 거라는 걸 알았어요. 그랬구나 그런 마음이었구나. 그랬겠다.

어찌 보면 공감은 침묵이더라고요. 점점 말이 줄어드는 공감의 침묵이죠. 우리가 정작 원하는 건 수없이 쏟아지는 말 대신 그저 공감이에요.

슬픔을 꾸짖지 않는 사람

혼나지 않게 해 주세요라는 아이 그림책이 있어요. 집에서 나 학교에서나 혼이 나는 남자 초등아이의 이야기예요. 아이나 어른이나 혼나는 것이 싫은 건 다 똑같나 봐요.

동생을 울린다고 집에서 혼나고 짓궂은 장난을 친다고 학교에서도 혼나는 아이. 뭐라고 대꾸하면 더 혼날 것 같아 입을 꾹 다물고 고개를 돌려버리는 아이.

반에서 소원을 적는 시간에 이 남자아이는 곰곰이 생각해요. 한 글자 한 글자 정성껏 적어냈어요.

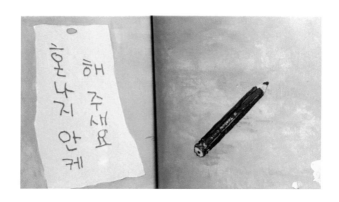

'혼나지 안케 해 주새요'

늦게 냈다고 혼날 거라고 생각했는데 울고 있는 선생님이 좋은 소원이라며 칭찬을 해주셨어요. 선생님과 통화를 끝낸 엄마도 꼭 안아주었어요. 그날 밤 남자아이는 말해요. 오늘은 하늘만큼 땅만큼 행복하다고.

어떤 것에도 이유가 다 있다는 아이 그림책처럼 아이는 다 이유가 있으니까요. 자신의 슬픔에도 다 이유가 있어요. 이유가 없는 것도 이유잖아요. 자신의 슬픔을 변명하려고 이해시키려고 애쓸 필요가 없어요. 슬픔을 인정받을 필요가 있을까요? 누구에게나 다 이해받고 인정받는 슬픔이 될 필요가 있을까요?

슬픔을 혼내지 않는 사람 그런 사람이 되어요. 어떤 명목으로 슬픔을 포장하려 애쓸 필요 없고 정당화해서 자신의 슬픔을 인정받을 필요는 없으니까요.

그저 '혼나지 안케 해 주새요' 하는 아이의 소원처럼 자신의 슬픔을 혼내지 말아요. 눈에 보이지 않는다고 해서 눈에 보이는 것으로 꾸짖지 않게 말이죠. 혼이 나는 아이는 점점 위축되어 마음의 문을 닫아버릴 테니까. 자신의 슬픔을 혼내서 자신의 마음의 문을 닫아버리지 않게.

자신의 슬픔을 꾸짖지 않는 사람 그런 사람이 되어요.

눈물을 억누르면 생기는 일들

밝은 긍정적 에너지가 있는 사람이 어디서나 환영받아요.
대부분의 사람들은 눈물보다 웃음을 선택해요. 웃어야지
스마일 김치~ 웃는 연습하며 힘든 때일수록 어깨를 펴고
당당히 걸어야지 해요.

그러다보니 눈물이 울컥 울컥 올라와도 참아요. 삼켜요.
왠지 눈물을 흘리면 지는 것 같아요. 여태껏 참고 삼켰던
눈물을 왕 터트리면 노력이 손해 보는 것 같아요. 눈물을
숨겨요. 웃으면 돼요. 억지웃음이라도 웃다 보면 웃게 된
대요. '웃으면 복이 와요' 속에 다 파묻혀요. 눈물을 애써
누르며 참으면 된다며 웃음세뇌를 해요. 억누르다 보니 불
편하고 불편하니 피해요. 상대의 말과 기분에 맞추고 자신

의 불편함은 무시해요. 그러다 사소한 것에도 욱이 올라오고 욱하면 안 된다며 또 억눌러요. 억누름과 올라옴의 반복이에요.

다 귀찮아요. 다 모르겠어요. 억누르는 것이 계속되다보니 원했던 밝은 웃음 긍정적 에너지도 저 멀리 날아가요. 그저 모든 것들이 귀찮고 답변들이 다 몰라에요. 모든 것이 무의미하고 재미도 없어지고 무기력이 와요. 외면한 슬픔의 결과는 자신이 감정이 어떤지 잘 모르는 어른이 되어버려요.

몸에 좋다는 보약을 먹어도 기운이 안나요. 기력이 없어요. 억누르면 억누를수록 내면에서 점점 더 퍼져나가 몸까지 축축 처지게 끌어당겨요.

일어날 기력도 걸을 기력도 없는데 일상은 살아나가야 하는 것이 더 힘들어요. 요리가 취미일때는 행복하지만 노동이 되어버린 밥은 생존이잖아요. 해서 또 먹고 살아야 하잖아요. 입맛도 없지만 가족을 먹이기 위해 몸을 일으켜 밥을 합니다. 설거지도 하고 음식물쓰레기도 버려야하고 몸은 천근만근이라도 집안일은 쉴 새가 없어요. 빨래도 돌리고 개고 집어넣고 장도 보고 정리해서 집어넣고 청소도 해야 하고 해도 티 안 나지만 안 하면 확 티 나는 집안일을 해나갑니다.

그러다 보니 점점 의식조차 안드로메다로 가고 무기력해집니다. 무기력이 점점 커져 자신의 존재에도 회의감이 밀려오며 우울증도 생깁니다. 사람을 만나 이야기를 해도 하나도 즐겁지가 않아요. 웃음상실단계가 됩니다. 웃어야 되는데 웃음을 어떻게 지었는지 기억이 안 납니다. 사소한 것에도 욱하고 억울하고 답답하고 화를 넘어 울화통이 치밀어 오른다고 하죠. 신경이 날카로워지면서 매사가 부정적이 되고 터트리지 못한 것들이 가슴에 차곡차곡 쌓여요.

눈물을 억누르니 온 몸과 마음이 아파요. 슬픔을 내보내는 연습이 필요해요. 슬픔을 누르면 언젠가는 결국 터지게 되어있어요. 눈물은 어두운 기운을 끌어당겨 그 속에 갇히는 것이 아니라 환한 햇살을 머금게 하는 소중한 것이에요.

눈물은 억누르지 말고 내어 보내요. 내어보낼수록 우리가 바라는 밝은 긍정적 에너지가 생겨요. 비온 뒤에 맑게 갠 하늘처럼 흘러 보내버리면 마음이 가벼워져요.

마음이 가벼워지는 것은 내 안의 눈물이 바다가 되도록 하지 않기 위해 흘려보내는 것이에요. 슬픔은 그렇게 숨기며 고독할 일이 아니니까요. 눈물도 연습이 필요해요. 눈물 내보내기 연습해보아요.

옳은 감정은 없어요

어떤 감정이 옳고 어떤 감정이 옳지 않은가요? 은연중에 감정에 판단을 하지 않나요? 옳은 감정이 있나요? 미소, 웃음, 긍정 등은 옳은 감정이고 눈물, 슬픔, 부정, 화, 불만 등은 나쁜 감정인가요? 감정에 시시비비를 가려요. 판사가 되어 이 감정은 옳지 않다며 판결해요. 감정이 잘못한건 뭘까요? 화가 난 것? 부정적으로 생각한 것? 슬퍼서 눈물이 나는 것? 감정에 판단을 내리는 것을 멈춰요.

감정은 잘못이 없어요. 어떤 감정을 느꼈던 그것에는 잘못이 없어요. 나무랄 이유가 없죠. 우리는 감정을 탓하며 행동을 탓하지 않아요. 감정이 이랬기에 행동이 타당하다고 해요. 감정은 통제하고 행동은 통제하지 않아요. 이런 감정이 드는 건 그런 상황 때문이고 너 때문이고 세상 때문이고 결국엔 나 때문이라고 자책으로 이어지게 되죠.

감정을 인정해줘요. 그런 감정이 드는 건 마음속 깊은 곳에 자신의 상처가 건드려져서 일수도 있어요. 내 탓 남 탓하다 보면 책임 전가 식으로 행동에 대한 타당성만 늘어요. 감정에는 옳고 그름이 없지만 행동에는 옳고 그름이 있잖아요. 그런데 감정에는 옳고 그름을 판단하면서 행동에는 그럴만한 이유가 있다고 타당성을 부여해왔어요.

내 상처가 그랬으니까 너가 나의 상처를 건드렸으니까 여러 이유로 상대를 탓하며 행동에 이유를 붙여요. 옳은 감정을 판단하기보다 내가 나를 다치게 하지 않는 행동을 선택할 수 있어요. 부정적인 감정이라 부르는 눈물, 슬픔, 우울 등의 감정에는 옳고 그름이 없어요. 왜 그런 감정이 일어났는지를 알아차리면 어떨 땐 자기 자신이 참 가여워져요. 남을 이해하려 노력하기보다 자신을 이해하려 노력해요. 자신의 부정적 감정도 왜 그런지를 관찰하면 이해가 돼요. 감정은 옳고 그름이 없으니까요.

행복해야만 된다고 행복에 매달리니 행복하지 않은 생각들이나 행동들은 죄책감까지 심어줘요. 자신이 너무나 바보 같다는 생각이 드는 거죠. 옳은 감정에 매달리니 옳지 않은 감정이라고 생각하는 감정이 들면 나쁘다고 생각을 해요. 판사의 판결문처럼 이 감정은 옳아 꽝꽝꽝 이 감정은 나빠 꽝꽝꽝. 일차원적인 감정판단을 해버리죠. 자신이 왜 그런 감정이 들었는지 생각조차 없이 고개를 저으며 이러면 안 된다고 여러 대체 행동들을 해요.

아이들에게 울지 말고 말하라고 하잖아요. 책에서도 울지 않고 이야기하는 착하고 멋진 아이가 되어 보아요하잖아요. 울지 않고 말하는 것보다 울고 난 뒤 말하는 것이 훨씬 도움이 돼요. 너무나 슬퍼서 울음이 터진 아이에게 어른에게 울지 말고 말하라고 하는 것은 표현 못해 우는 사람에게 입 다물라고 하는 것과 같아요. 울어야 정화가 되고 자신이 원하는 것이 뚜렷이 보이니까 그때서는 자신의 말을 표현하기가 더 쉬워요.

자신이 참 못나 보이고 바보같다며 자신이 초라해 보이기도 해요. 긍정적이든 부정적이든 감정이 올라오면 인정해주세요. 옳고 그른 감정은 세상에 절대 없으니까요.

울지 못하는 남자 아빠

그 시절 우리네 아버지의 뒷모습을 보고 크며 아빠가 된 남자. 남자들은 어릴 때부터 이런 말을 들으며 크죠. 사내 자식이 울면 안 된다. 울지 말고 씩씩하게 남자답게. 남자는 딱 3번 운다. 부모가 돌아가셨을 때, 때, 때. 의연하게 눈물을 흘리지 않는 모습을 보며 듬직하다 씩씩하다고 해요. 동물의 왕국을 보며 강한 남자는 울지 않는 남자, 남자의 영역을 지켜내는 남자. 그런 남자가 믿음직스럽다고 보고 듣고 경험하며 커요.

유치원 버스를 타는 남자아이들 사이에서도 눈에 보이는 서열이 생겨요. 앞자리에 타고 싶은 아이는 앞자리에 타고 싶은 또 다른 남자아이의 눈짓에 슬금슬금 뒷자리로 가요. 그걸 보는 엄마는 속상해요. 아이 때부터 남자들의 서열 영역을 나눠요. 그걸 못 지켜내면 약한 아이 같고 그걸 지켜내면 강한 아이 같죠. 그걸 지켜내는 아이를 보는 엄마의 뿌듯해하는 눈빛도 한몫 거들어요. 남자들의 동물의 세계에서 여자엄마는 그런 세계에 살아남게 하기 위해 더욱 강한 아들로 키우고 싶어 해요. 저렇게 약해서 아이들 사이에서 치이고 사는 건 아닐까하며 노심초사하며 말이죠. 자신의 영역을 지키는 강한 남자 그래서 눈물은 그들의 세계에서 나약함을 의미하고 약자를 의미해요. 약해 보이지 않으려고 애써요. 자신의 감정은 뒤로한 채. 눈물은 남자의 약한 모습이라고 엄마는 눈빛에서 아빠의 뒷모습에서 은연중에 배우죠.

자신의 감정을 솔직히 털어놓으면 약한 남자가 되어버리니까 자신의 감정은 뒤로해요. 숨기고 억누르고 외면해요. 자기 안에 어린 남자아이를 간직한 채 몸만 큰 성인 남자아이가 되어버려요. 그렇기에 눈물은 남자의 약점이 되어버렸나 봐요. 눈물을 외면하고 살다보니 감정표현이 서툴고 감정에 둔해져 버려요, 울지 않기에 공감능력이 떨어지죠. 그런 성인남자아이와 결혼한 여자엄마는 공감 받지 못해 시린 마음이 쌓여가죠. 울지 못했기에 울지 못하는 남자 아빠의 눈물. 눈물이 터져버리는 것도 영화에서 보듯 무릎을 꿇고 패배자의 자세처럼 울어버려요. 눈물은 패배자의 눈물도 승자의 눈물도 아닌 어떤 타이틀을 붙이지 않는 것인데 말이죠. 눈물이라는 감옥에 갇힌 남자 아빠. 그 감옥에서 탈출해요. 편안하게 슬플 땐 울고 눈물도 흘려버려요. 그게 더 남자답고 씩씩하고 듬직하잖아요.

눈물은 울음과 다른 의미잖아요. 아이처럼 엉엉 엎드려 떼쓰듯 우는 것이 아니잖아요. 눈물은 마음을 치유하고 상대를 이해하는 힘을 발휘해요. 눈물은 상대에게 따뜻한 손을 내밀게 하는 기회를 줘요. 강하기만 하면 부러지잖아요. 강하지만 부드러운 아빠남편이 되어 봐요. 우리는 또 그런 미래의 아빠남편을 키우고 있는 엄마잖아요.

남자아들에게 그런 강하고 부드러운 남자로 클 수 있게 허들을 치워줘요. 그래도 된다며, 약한 것이 아니라 부드러운 것이고 자연스러운 것이라고 인간의 감정은 성으로 나눌 수 없다는 걸 서로 다른 성이지만 서로 공감해줘요.

소리 내어 울지 못하는 엄마

아이 그림책이 어른을 위한 그림책일 때가 참 많아요. 표현도 직설적이면서 우화적이며 어렵게 빙빙 돌려 말하지 않죠. 쉽고 재미나게 인생요약집처럼 툭 던지는 느낌이에요.

'입이 똥꼬에게' 라는 책이 있어요. 더럽다고 창피하다고 똥꼬를 무시하다가 결국 사라진 똥꼬로 모두가 한바탕 회오리를 겪고 난 뒤 소중함을 깨닫는 이야기예요. 책에 나오는 똥꼬가 그저 모든 지탄과 비난과 무시를 그대로 받으면서 참기만 했으면 어떻게 됐을까요? 책 속에서는 마냥 참고 억누르고 있지 않았어요. 그건 자신의 존재가 너무나 소중하다는 것을 똥꼬 자신이 알고 있었기에 가능한 거였어요.

누구나 다 존재 이유가 있어요. 제일 초라하다 느껴지고 수치스럽다 느껴진 모습도 다 의미가 있는 것이죠.

슬픔을 무시하고 삼키고 내 마음속 이야기들을 억누르고 살다보니 가슴에 맺힌 것이 많아져요. 그 맺힌 것들이 하나하나 쌓이다 보면 우리나라만이 가지는 단어 '화병'이 생겨버렸잖아요. 다 내팽개치고 나가버릴 수도 없잖아요. 그러니 속으로 속으로 삭입니다. 눈물을 속으로 먹고 먹고 또 먹고 그런 시간들이 쌓여서 감정이 메말라가요. 슬프다고 슬픔을 표현할 수 없었고 아프다고 누워있을 수 없었던 엄마를 보고 딸들은 큽니다. 그 딸이 나이가 들어가고 아이를 키우며 그때의 엄마가 가슴에 떠오릅니다.

그래서 엄마라는 단어만 떠올려도 뭉클 눈물이 나요. 울고 싶을 때 제때 울지 못했고 마음속 이야기를 하고 싶어도 누구에게 이야기를 하나요. 소리 내어 울지 못했던 우리들 엄마. 그렇게 쌓여 화병이 되고 우리나라의 정서 '한'이 되어갑니다. 소리 내어 울지 못했던 엄마와 지금의 엄마가 된 우리는 무슨 차이가 있을까요?

시대가 변하고 세월 좋아졌다고 하고 우주비행을 꿈꾸는 이 시대에 엄마와 우리는 무슨 차이가 있을까요? 그런 엄마를 보고 컸지만 우리 아이들에게는 그런 삶을 살라고 할 수는 없잖아요. 아이가 커서 가정을 이루고 살며 소리 내어 울지 못하고 눈물을 삼키고 산다면 얼마나 마음이 아플까요? 소리 내서 울어라 할 수도 없잖아요. 엄마인 자신도 그렇게 살아왔기에.

소복소복 눈처럼 가슴에 쌓인 것이 많아지면 빙판이 돼요. 점점 나이가 들어가면 빙판길에 미끄러져 뼈가 다치고 그 사소한 것으로 일어나지 못하고 몸져눕게 돼요. 소리 내어 울지 못했던 엄마의 몫까지 실컷 울어버려요. 아무도 알아주지 못했던 엄마의 삶을 가정을 이루고 아이를 키워가며 엄마의 삶을 이해해주고 알아주는 것처럼. 눈물이 쌓이고 쌓여 빙판길이 되어 미끄러지지 않게 눈물일 때 울어버려요.

엄마라는 존재는 존재자체로 의미 있는 존재니까요.

눈물이 건강한 부모

'건강하게만 자라다오' 공감되는 말이시죠? 아이 아플 때 절실히 생각나는 말이죠. 아파서 열이 오르락내리락하며 초점 없는 눈을 가진 아파하는 아이를 보면 건강하게만 자라다오란 말이 절로 나옵니다.

언제 아팠냐는 듯이 훌훌 털고 일어나 다 낫고 나면 예의 그 밝은 얼굴로 웃으며 학교를 갑니다. 엄마는 일상에 묻혀 건강하게만 자라다오는 잊어버리고 맙니다. 예전에는 아이가 몸이 건강하고 튼튼하게만 자라길 바라는 시절이었으니 아이의 몸 건강이 모든 건강의 지표였잖아요. 지금은 마음이 건강한 아이, 내면이 건강한 아이를 바라죠. 워낙 세상은 버라이어티하고 다양한 사람들과 살아가야하는 세상이니까요. 감정이 건강한 아이를 부모는 바랍니다. 감정이 건강하다는 건 그 감정을 수용하고 인정해주는 것이잖아요.

눈물을 억누르며 참는 부모가 건강한 부모일까요? 자신의 슬픔을 외면하지 않는 부모가 아이의 슬픔에 공감해 줄 수 있어요. 나의 슬픔을 인정하는 부모는 아이의 슬픔을 인정해 줄 수 있으니까요. 눈물을 흘리는 순간 아이에게 약한 부모 건강하지 못한 부모라 생각이 들고 불안하신가요? 눈물을 보인다는 것에 거부감이 드시나요?

아이가 행복했으면 좋겠고 밝게 컸으면 좋겠는데 부모가 눈물을 보인다는 것은 불행하다고 인정하는 것 같아서 마음이 불편하신가요?

생각보다 눈물은 제때 흘리고 나면 감정찌꺼기가 없어져서인지 오히려 눈물바다를 이루진 않아요. 오히려 눈물에 빠져 살지도 않게 되죠. 아프던 아이가 훌훌 털고 일어날 수 있었던 것도 아플 때 아픔을 잘 케어해주고 몸을 잘 케어해줬기에 열도 떨어지고 잠도 푹 자고 일어나서 다음날 학교를 갈수 있잖아요.

부모의 눈물은 아이에게 감춰야 할 아픔도 약함도 불행의 의미도 아니에요. 부모가 자신의 감정에 건강해지면 아이들도 자신의 감정에 건강해져요. 상처가 나고 치료를 하면 딱지가 앉고 때로는 흉터가 되기도 하잖아요. 그런 마음으로 자신의 슬픔을 치료해나가요. 슬픔을 해결하려하기보다 슬픔과 함께 살아나가는 거죠. 인간의 모든 감정은 결국엔 슬픔이라는 말이 있잖아요.

눈물을 보이지 않는 부모보다 눈물을 함께 흘려줄 부모를 아이는 원하고 있어요. 부모이기에 아이에게 좋은 것만 주고 싶잖아요. 눈물도 아픔을 치유하는 좋은 것이에요.

건강하게 눈물 흘리고 건강하게 삶을 살아가는 부모가 되어요. 눈물이 건강한 부모가 아이의 눈물을 껴안아 줄 수 있어요. '그만 뚝'이 아니라 '울고 싶을 땐 울어도 돼' 그런 부모가 되어줘요. 아이에게 자기 자신에게. 눈물이 건강한 부모가 되어요.

눈물이 건강한 부모가 되어요

눈물을 보이지 않는 부모보다
눈물을 함께 흘려줄 부모를 아이는 원하고 있어요
부모이기에 아이에게 좋은 것만 주고 싶잖아요
눈물도 아픔을 치유하는 좋은 것이에요

건강하게 눈물 흘리고
건강하게 삶을 살아가는 부모가 되어요
눈물이 건강한 부모가
아이의 눈물을 껴안아 줄 수 있어요
'그만 뚝'이 아니라 '울고 싶을 땐 울어도 돼'
그런 부모가 되어줘요

자신을 따뜻하게 대해요

나는 왜 이렇게 예민할까
고민했었나요?

예민한 자신이 싫으신가요? 나는 왜 이렇게 예민할까 고민
하셨나요? 점점 더 예민한 자신이 싫어지시나요? 그런 자
신을 다그치며 못났다 생각이 드시나요? 남들은 무던히 잘
넘어가는 것 같은데 유독 왜 이렇게 나만 예민할까 고민하
고 자기비판도 하고 좀 무던해지라며 애써 묻어두기도 해
요. 예민은 섬세한 거라며 자신을 위로하기도 합니다. 예
민하다며 자신을 옥죄일 필요 없어요.

예민하다는 것은 민감도가 올라가 있는 것뿐이에요. 예민
해졌다면 어떤 부분에서 예민해진 건지 생각을 해봐요. 어
떤 특정한 상황, 감정이 있어요. 예민하다는 것은 단지 그

부분의 민감도가 올라가 있는 거예요. 그때그때 해결하지 못한 미해결상황과 감정들이 비슷한 상황에서 자꾸 터치 되는 거예요. 그런 상황감정들이 자꾸 터치가 되면 점점 쌓여 민감도가 올라가요. 작은 부분을 해소하지 못하고 해 결하지 못한 상태로 마음에 남아있으면 그 영역이 점점 더 확대되어 엉뚱한 다른 부분에서도 민감해져서 소위 말하 는 예민 모드가 되는 거예요. 해결방법이 없을까요? 예민 한 성격이라며 치부해버리고 그냥 묻어놓으면 될까요?

방법은 자신의 민감한 부분을 마주하는 것이에요. 지금 자 신의 민감해져 있는 부분을 하나씩 하나씩 마주하며 풀어 나가면 돼요. 조금만 터치되어도 민감도가 올라가는 자신 의 아픔을 피하지 말고 묻어두지 말고 열어봐요. 마주앉 아 정면으로 바라보면 자신의 내면의 상처가 이랬다는 걸 알 수 있어요.

그런 자신이 이해가 되면서 예민했던 자신의 부분들이 안 타깝고 가엾죠. 따뜻하게 보듬어줘요. 예민이라는 단어로 오해받았던 자신의 일부를 따뜻한 시선으로 이야기 나눠 줘요. 하나하나 그때그때 풀어나가면 돼요. 예민한 부분을 해결하겠다며 해결법을 찾는 것이 먼저가 아니에요. 그 부분을 마주보고 인정해주는 것이 먼저에요. 내가 나의 아픔을 인정할 때 내가 나를 따뜻하게 볼 수 있어요. 해결법이 그 무엇이든 간에 그것보다 더 중요한건 내가 나를 따뜻하게 보는 눈빛인거죠.

자신을 이해하기 시작하면 예민하다는 다른 사람들의 말 속에 넘어가지 않아요. 자신의 아픔이 예민으로 뭉뚱그려 예민한 사람이 되어버리는 일이 점점 줄어들어요. 예민이 나쁜 것도 아니고 안 좋은 것도 아니잖아요. 둔감하게 살라고 하지만 둔감하게 살다보니 뭐가 뭔지 자신을 잘 모르게 되잖아요. 둔감하게 살지 말아요 우리. 민감해진 자신의 신호를 알아차리고 따뜻하게 안아주고 토닥토닥해주며 살아요. 자기 자신을 예민한 사람이라고 하는 다른 사람 말에 다른 책들 속에 다른 영상들 속에 나오는 말들에 어정쩡한 끄덕임을 했었는데 이제는 그러지 말아요.

민감하다는 것은 자기를 보호하고자 하는 본능이에요. 자신의 상처를 보호하고자 벽을 쌓았는데 그 벽을 두드린다면 다칠까봐 불안하고 무섭고 화도 나고 그러지 않겠어요? 내면의 상처가 너무나 아파서 화를 내기도 하잖아요. 그 벽을 무너뜨려야 한다고 하지만 자신 스스로가 하나하나 벽돌을 내릴게요. 너무 높다고 두드려대지 않아도 돼요. 하나하나 벽돌을 내리며 적당한 높이의 울타리가 만들어지면 마음이 한결 편안해져요. 누가 벽을 두드리는지도 보이고 벽 대신 초인종을 다는 방법도 생각나고요 울타리 안도 보여줄 수 있어요. 예민보스에서 편안모드로 바뀌어요.

왜 이렇게 예민할까 고민하셨나요? 아이 넘어져 다쳤을 때 약 발라준 것처럼 자신의 아픈 부분을 얼마나 아팠을까 조심스럽게 약 발라주세요. 그런 날들이 하루하루 쌓여 가면 높은 벽을 올린 자신이 스스로 높은 벽돌을 내리게 되는 날이 와요. 우리는 예민한 것이 아니라 아픈 상처를 보호하려는 것뿐이에요. 회피하기만 한 아픈 상처를 들여다보고 약을 발라주며 케어해주다보면 딱지가 생기고 조금의 터치에도 아프지 않게 돼요.

자기 자신을 알아주세요

우리가 마음 상처를 가장 많이 받는 곳은 가정이잖아요. 가정생활에서 서로에게 마음상처를 받는 이유는 알아달라는 것 때문이에요.

우리는 아이를 키우며 살림을 돌보고 공부도 하며 노력하고 살고 있어요. 직장은 퇴근이 있잖아요. 퇴근도 없고 수시로 야근을 하잖아요. 비상근무도 하잖아요. 1년 365일 휴가 없는 쉼 없는 가정생활을 하죠. 그렇게 살고 있는데 살아가고 있는데 가족이 알아주지도 않는다면 몸도 마음도 더욱 지치죠.

이런저런 자기 자신을 방어하는 소리를 내기도 하고 자신을 드러내는 소리도 해요. 상대도 똑같죠. 이렇게 서로 목소리만 높여요. 너만 애쓰냐 나도 애쓴다 나도 노력하고 살고 있다 이렇게 서로가 서로에게 보이지 않는 소리를 지르며 살고 있어요. 본인 원하는 대로만 사는 것 같고 나만 노력하고 살고 있는 것 같아요. 그러니 나 애쓰는 거 몰라주는 것이 서운하고 모른는 체하는 것이 화나고 모르쇠로 일관하는 것에 분노를 느끼죠. 나만 고생하고 나만 희생하는 느낌이 들죠.

우린 모두 애쓰며 살고 있어요. 노력하고 살지 않는 사람은 없어요. 너도 애쓰고 나도 애쓰며 살아요. 하루를 산다는 건 생각보다 많은 에너지를 요구하고 그런 하루하루를 모두 노력하며 살고 있어요. 우리가 치열하게 부르짖는 것도 결국은 자신의 애쓸을 알아달라는 거예요. 자신의 노력의 시간을 부정하지 말라는 것이죠. 서로가 서로에게 본인의 애쓸을 알아달라고 하는 거예요.

미성숙한 어른에서 우리는 부모가 되었어요. 아이를 위해 성숙된 부모가 되고자 하나 내 안의 어른은 미성숙하고 약한 아이인 채로 있어요.

그런 자신의 아이어른을 알아주는 것은 가족도 아니고 아이도 아니고 바로 자기 자신이에요. 자신의 애쓴 시간과 노력을 자신은 알아줬나요? 자신의 애씀과 자신의 노력을 다른 누구도 아닌 자신이 알아줘요. 알아준다는 것은 목소리를 높여 남에게 알아달라고 외칠수록 가치가 없어져요. 자신의 노력한 시간까지 폄하되어버려요.

Give & Take와 같아요. 달라고 그러면 줄게 이런 의미예요. 나만 주면 억울한 것 같아 밑지는 장사 같아서 주면 나도 준대요. 달라고 해도 안주는데 계속 목소리를 높이다보면 치사해서 됐다 해요. 안 받는다 해요.

등을 돌리고 서로 원망만 늘어요. 안주는데 계속 달라고 하면 그건 구걸이나 마찬가지예요. 기분도 처참해요. 자신의 그 귀중한 시간들이 왜 폄하되게 내버려두지말아요. 남은 몰라도 자기 자신은 알잖아요. 그 귀중한 시간들을. 자신이 한 걸음 한 걸음 걸어온 그 시간들은 아무도 몰라요. 자기 자신만이 아는 그 소중한 시간들이 있잖아요. 그 가치를 자기 자신은 알아줘야 돼요. 알아달라고 상대에게 목소리를 높이며 에너지를 쏟지 말고 내가 나를 알아줘요.

참 애쓰고 살고 있구나 토닥토닥

노력하고 살고 있구나 토닥토닥

애쓰니 힘들었구나 그래 잠시 쉬어가자 토닥토닥

그래 대견하다 토닥토닥

참 고맙다 토닥토닥

그래도 나 참 애쓰며 잘 살고 있어 그지? 따뜻하게 가볍게
툭 던지는 것만으로도 얼마나 가벼운 마음이 되는지 알아
달라고 하기 보다 내가 나를 알아줘요. 나의 그 시간들과
나의 그 노력들을.

힘이 들 때 반드시 체크해야 할 3가지

감정적으로 힘이 들 때면 흔히들 멘탈을 관리해야 한다고 하죠. 흔들리는 멘탈을 붙잡아줄 무언가를 찾아요. 방법도 찾고 멘탈도 부여잡는데 한참 지나고 나니 시간낭비였나 정답이 아니었나 왜 나는 그 자리에 머물러있는가 해요. 하루하루 애 키우고 삼시세끼 해먹고 사는 것도 힘든데 뭔 일 생기면 몸과 마음의 지침은 이루 말할 수 도 없잖아요. 힘이 들 때 책에서 유튜브에서 방법과 해결법을 찾는 것도 현명한 방법이죠. 하지만 우리는 너무나 기본적인 것들을 간과하고 있지 않은가요? 끼니를 챙겨 먹고 있나? 잠은 푹 자고 있나? 종종걸음 치느라 산책이라도 제대로 한 적 있나? 체크해봅니다. 항상 바쁘게만 사느라 자신의 몸을 돌볼 여유조차 없어지는 건 아닌지 체크해봅니다. 바쁘게 사는 바보처럼 바쁘기만 한 일상이 쌓이면 몸이 힘들고 몸이 힘들면 마음은 원인도 모르고 마냥 힘들어져요. 삼시세끼를 먹는 것이 중요한 것이 아니에요. 단백질은 몇% 탄수화물은 몇% 지방은 몇%를 이야기 하는 것이 아니에요. 몸에 나쁜 라면대신 잡곡밥을 먹어라 푸짐하게 쌈 채소 야채를 많이 먹어라 이런 식으로 먹어야 건강해진다 이런 것이 아니에요.

자신이 좋아하는 것을 드세요. 아이 음식만들고 남편 입맛 음식 만드느라 어느새 자신이 좋아하는 음식은 안드로메다로 날라간 지 오래잖아요. 외식이라도 하는 날엔 자신이 좋아하는 것보다 아이 좋아하는 메뉴 남편 좋아하는 메뉴 식당간지 오래잖아요. 자신이 좋아하는 음식 드세요. 아이 낳고 키우며 어릴 적 엄마가 해준 콩나물국이 그렇게 먹고 싶었어요. 미역국도 그렇게 먹고 싶었어요. 남편이 잘 먹지 않는다고 하지도 않았어요. 잘 끓이지도 않던 콩나물국을 끓여먹던 날 참 기분이 좋더라고요. 이깟 콩나물국이 뭐라고 한번을 안 끓여먹었는지. 식당에서도 잘 팔지 않는 무 넣고 콩나물 넣고 마늘 넣고 다시다 넣고 끓인 콩나물

국에 엄마가 앞에 앉아있는 것처럼 참 따뜻하고 행복했어요. 그냥 자신이 좋아하는 음식 드세요. 음식하기도 귀찮다하면 자신이 좋아하는 음식식당가서 맛있게 먹어요.

피곤할 땐 이거 해야 돼 저거 해야 돼 해야 할 리스트들 떠올리지 말고 그냥 자요. 잠을 잔다는 건 꼭 굳이 6시간 8시간 통잠을 자야 잘 잔건 아니잖아요. 힘들 땐 그저 누워 눈을 붙이고 있는 것도 쉴 새 없이 움직인 몸과 마음을 침대에 누워 잠시의 쪽잠이라도 자고 난 뒤는 얼마나 개운한지 몰라요. 핸드폰 딱 접고 쉬어요. 그게 자신을 위한 기운차리는 방법이에요. 날 찾는 사람도 없고 내가 굳이 찾아야 할 사람도 없고 카톡보며 헤매며 허한 감정 다스릴 필요도 없어요. 푹 자요. 이런 걱정 저런 걱정 속에 빠져 허우적대느니 딱 접고 자요. 걱정한다고 달라질 것 없고 걱정한다고 해결될 일 절대 없어요. 딱 접고 걱정은 걱정인형에게 맡겨두고 푹 자요. 자고 난 뒤에 오히려 걱정이 사그라 들어요. 여러 감정들이 자신을 힘들게 할 때 해결법을 찾아 헤매느니 문을 열고 바깥공기를 맡으러 산책가요. 가을 단풍이 너무나 이쁘고 잠시의 산책이 얼마나 큰 힘이 되는지 산책의 즐거움과 산책의 힘을 느껴본 분들이라면 공감하실 거예요.

산책을 한다는 건 축복인 것 같아요. 나의 두 다리로 자신의 자유의지로 어디든 어느 방향이든 그저 걸을 수 있고 머물 수 있고 잠시 쉬었다 훌훌 털고 일어날 수 있잖아요. 산책은 내면의 힘을 키우는 가장 쉬운 방법이에요. 우리 여성들에게 산책이라는 건 자유로운 행위예요. 예전 시대에 태어났으면 아녀자가 마음대로 거리를 산책하고 다닌다는 건 상상도 못할 자유행위 아닐까요? 머리와 얼굴을 가리고 밤은 또 나갈 수가 없잖아요. 산책을 하며 자신이 머물고 싶은 벤치에 앉아 하늘을 올려다봐요. 그 파란 하늘을 바라보며 자신을 위로하기도 하고 알록달록 빨갛게 물들어가는 단풍을 보며 나무에게서 편안함을 느끼고 돌아오는 길은 그 풍요로움에 가슴이 평화로워져요. 몸이 아프기라도 하면 산책도 엄청 큰 일이 되어버려요. 산책할 수 있는 나의 두 다리에게 감사하고 물들어가는 나무와 하늘과 사람들을 볼 수 있는 눈에 감사하고 새들의 지저귐을 들을 수 있는 귀에 감사하고 자연의 냄새를 맡을 수 있는 코에 감사하고 자신의 몸에 감사한 마음이 들어요.

힘이 들 때는 잘 먹고 있나? 잘 자고 있나?
산책은 하고 있나? 체크해 봐요.

자신을 놓지 말아요

지금 현실이 구렁텅이에 빠져 엉망진창이라도 놓고 싶지 않은 것은 자신이었어요. 그렇게 엉엉 주저앉아 운 것도 자신을 놓고 싶지 않아서였어요.

자기 자신을 포기하고 싶지 않았어요. 어떤 삶을 살더라도 자기 자신을 놓치고 싶지 않기에 몸부림을 치고 또 쳤나 봐요. 살려고 울었어요. 살려고 울음을 토해냈어요. 이대로 주저앉아 무너져 버릴 순 없으니까요. 흔들리지만 그 속에서 파묻혀 무너지지 않으려고 울었어요. 엄마를 바라보는 아이가 있으니까요. 가정이 있으니까요. 가족이 있으니까요. 자신을 일으켜 세우고 한발 한발 걷고 싶었어요. 이대로 무너지고 싶지 않았어요. 세상이 다 자신에게 손가락질하고 쯧쯧 혀를 차고 불쌍하게 쳐다봐도 내가 나 자신에게만은 따뜻한 시선을 보내고 싶었어요.

이대로 무너질 수 없었어요. 이대로 주저앉아 버릴 순 없었어요. 자신에 대한 믿음이 있었으니까요. 자신에 대한 연민이었어요. 불쌍함도 가여움도 다 자신에 대한 사랑이었어요. 자신을 믿고 실컷 흔들렸어요.

다시 일어날 거라는 걸 알기에 흔들렸어요. 흔들리지 않으려 꼭 잡고 버티던 손잡이가 떨어지면 그대로 휩쓸려 자기 자신이 없어져버릴 것 같았어요. 휩쓸려 없어져 버리지 않기 위해 흔들렸어요.

울다 보니 어떤 상황이라도 자신을 책망하지 말자 했어요. 남이 나를 불쌍히 여기는 건 별로지만 내가 나 자신을 가여워하는 것은 필요하더라고요. 그래도 잘 살아왔고 잘 견뎌냈었다 생각이 들어요. 나 자신을 토닥토닥했어요.

우리는 우리의 생각보다 강해요.

그저 사랑받고 싶은 여자에서 가정을 이루며 가정을 이끌어가고 있잖아요. 아이에게 사랑을 주고 가정에 사랑을 주고 받기만 하는 사람에서 주는 사람이 되었잖아요.

그런 노래 있잖아요.
'당신은 사랑받기 위해 태어난 사람 당신의 삶 속에서
그 사랑 받고 있지요~♬'
받기만을 애타게 바라는 사람에서 주는 사람이 되고 있어요.

사랑받기 위해 살다 보니 너무 힘들었어요. 사랑받기위해 애쓰고 살다보니 오히려 사랑을 구걸하고 있는 자신을 봐요. 사랑을 받기 위해 자신의 욕구나 감정은 헌신짝처럼 버려버리고 오직 사랑받는 사람이 되고자 애쓰는 모습이 안쓰러워요.

사랑받기 위해 태어난 사람은 참 힘들 것 같다는 생각이 들어요. 사랑받는 인생은 무엇보다 풍요로운 삶을 살겠죠. 그러나 그 사랑의 원천이 타인의 손에 있다면 그 사랑이 떠나가면 얼마나 상실감이 크겠어요.

그러니 저는 노래는 이쁜 노랫말로 부르고 자신의 인생은 사랑주기 위해 태어난 사람 하겠어요. 내가 나 자신에게 사랑 듬뿍 주어야겠어요. 어디에서도 받아보지 못했던 사랑 아낌없이 듬뿍듬뿍 주어요.

자기 사랑을 토대로 자신을 포기하지 않고 살아요. 우린 지금까지 잘 살아왔고 잘 견뎌냈잖아요. 지금의 시련도 잘 견뎌낼 거예요. 내가 나를 놓지 않을 테니까요.

괜찮아 괜찮아 다 괜찮아

지금 현재 아무 일도 일어나지 않는 데 불안한 마음이 들 때 우리 자신에게 이렇게 말해 봐요. '괜찮아 괜찮아 다 괜찮아' 이번 주 우리의 행복을 위해 연습해볼까요?

설거지를 하다 갑자기 불안한 마음이 들어도
'괜찮아 괜찮아 다 괜찮아'

요똥인 엄마 요리 망쳤을 때도
'괜찮아 괜찮아 다 괜찮아'

요리도 잘해야 하고 아이 공부도 잘 시켜야하고 재테크도

잘해야 하고 더 더 노력해야지 자신을 채찍질할때도

'괜찮아 괜찮아 다 괜찮아'

엄마들 모임에서 자신이 너무나 초라해 보여도

'괜찮아 괜찮아 다 괜찮아'

아이 친구 잘난 이야기가 귀에 들려

자신의 아이가 못나 보여도

'괜찮아 괜찮아 다 괜찮아'

열심히 사는데 결과가 보이지 않는 것 같아

조급함을 느낄 때도

'괜찮아 괜찮아 다 괜찮아'

이것저것 하느라 바쁜데

아이가 물을 엎질렀을 때도

'괜찮아 괜찮아 다 괜찮아'

학교 갔다 온 아이 울면서 속상하다고

이야기를 할 때도

'괜찮아 괜찮아 다 괜찮아'

나이 들어가며 점점 쇠해지시는 부모님을 뵐 때도

'괜찮아 괜찮아 다 괜찮아'

뭔가를 해야 하지 않을까

잠시의 휴식에도 죄책감을 느끼는 자신에게도

'괜찮아 괜찮아 다 괜찮아'

눈물을 흘리는 자신을 책망할 때도

'괜찮아 괜찮아 다 괜찮아'

물건을 잃어버려 자신이 바보 같다 생각이 들 때도

'괜찮아 괜찮아 다 괜찮아'

아이의 짜증이 자신의 뇌를 힘들게 할 때도

'괜찮아 괜찮아 다 괜찮아'

몸이 힘들 때 밀린 설거지를 보며

원더우먼이 되어야하는데 하는 마음이 들 때도

'괜찮아 괜찮아 다 괜찮아'

미래도 이 모습 그대로 살 것처럼 불안할 때도
'괜찮아 괜찮아 다 괜찮아'

노력하지 않으면 사랑받지 못할 것 같아
애쓰는 자신을 볼 때도
'괜찮아 괜찮아 다 괜찮아'

나이도 들어가는데 이뤄놓은 것은 없어 불안할 때도
'괜찮아 괜찮아 다 괜찮아'

찌개를 하려고 했는데 국이 되어버렸을 때도
'괜찮아 괜찮아 다 괜찮아'

잘하지 않아도
'괜찮아 괜찮아 다 괜찮아'
잘하는 것이 없다 생각될 때도
'괜찮아 괜찮아 다 괜찮아'
잘해야 한다고 강박이 생길 때도
'괜찮아 괜찮아 다 괜찮아'

애쓰며 살아도 '괜찮아 괜찮아 다 괜찮아'

괜찮지 않아도 '괜찮아 괜찮아 다 괜찮아'

괜찮은 척해도 '괜찮아 괜찮아 다 괜찮아'

이 모든 것이 다 괜찮아요.

무감각해지는 것이 아니라 이 모든 것이 불행의 이유는 될 수 없어요. 우리는 행복이든 불행이든 선택할 수가 있어요.

아무 일이 일어나지 않아도 문득 문득 마음속에서 불안이 올라와요. 습관처럼 올라오는 불안에 어떨 때는 빠져버릴 때도 있어요. 불안은 오지 않은 미래를 앞당겨서 생각하고 걱정하고 그럴 것이라고 가정하고 기정사실화해서 올라오는 감정이잖아요.

불안이 올라올 때는 자신이 해야 할 일을 하면 되요. 불안에게 말을 걸면서 말이죠. 자신에게 말해줍니다.

'괜찮아 괜찮아 다 괜찮아'

내일은 내일의 해가 떠오를 테니까

고전영화는 참 좋아요. 바람과 함께 사라지다를 보신 적 있으신가요? 기둥을 잡고 있는 스카렛 오하라의 허리를 유모가 코르셋으로 꽉 쪼여주는 모습이 유명하잖아요.

이 영화의 마지막 장면에서 스칼렛 오하라(비비안 리) 여주인공의 명대사가 강렬해요. 모든 것이 떠나버리고 혼자 남은 스칼렛 오하라가 눈물을 흘리며 좌절하다가 서서히 고개를 들며 이렇게 말해요.

"내일은 내일의 태양이 떠오를 테니까"

"After all, tomorrow is another day"

다음 장면에서 어두운 배경 화면 속에 내일의 희망을 가슴에 품으며 서 있는 스카렛 오하라의 모습이 나오죠.
지쳐 힘든 지금 이시간도 내일이라는 날이 있기에 우리는 희망이라는 단어를 가슴에 담아요. 절대 불변의 진리예요. 간밤의 긴 어둠도 언제 있었냐는 듯이 사라지고 동이 트고 환한 해가 떠올라요.

지하철을 타고 긴 터널을 지나 햇살가득 비추는 지상으로 나올 때는 너무나 눈이 부시죠. 예고도 없이 짠하고 눈부신 햇살이 우리를 반겨요. 뭔가 새로운 세계가 나온 것처럼 장면전환이 돼요.

내일은 내일의 해가 뜬다는 것은 불변의 진리잖아요. 해가 안 보인다고 해가 안 뜬건 아니니까요.
지금의 감정과 상황에 빠져 이 순간이 영원하리라 생각하기에 자각을 못했을 뿐이었어요. 지금이 힘드니까 내일도 힘들 거라고 당겨서 걱정하고 불안해하는 것뿐이었어요.

지하철도 지상으로 다니는데 우리의 삶도 그렇잖을까요?

비 오고 폭풍만 치다 영원히 해가 안 뜨진 않으니까요. 자
신의 마음도 그렇지 않을까요? 항상 화창 항상 맑음일 순
없겠죠. 비도 오고 폭우도 쏟아지겠죠.

폭우를 맞아본 사람은 햇살의 소중함을 가슴으로 알잖아
요. 종일 햇살만 쏟아지면 노곤하고 피곤하다는 것도 알잖
아요. 비가 오고 천둥번개가 쳐도 내일은 내일의 태양이
떠오를 테니까요.

자기 자신을 알아주세요

자신의 그 귀중한 시간들이 왜 폄하되게 내버려두지말아요

남은 몰라도 자기 자신은 알잖아요

그 귀중한 시간들을

자신이 한 걸음 한 걸음 걸어온 그 시간들은 아무도 몰라요

자기 자신만이 아는 그 소중한 시간들이 있잖아요

그 가치를 자기 자신은 알아줘야 돼요

알아달라고 상대에게 목소리를 높이며 에너지를 쏟지 말고

내가 나를 알아줘요

오늘 당신의 하루는 어떠셨나요?

오늘 당신의 하루는 어떠셨나요?

우리는 선물을 받을 때 기분이 좋잖아요.
선물을 개봉하는 언박싱의 쫄깃함도 행복하잖아요.
선물은 가끔 받아서 더 행복감을 느끼는 걸까요?

매일매일 눈을 뜨면 선물처럼 하루가 주어져요.
눈을 뜨고 아침을 맞이한다는 것은 얼마나 큰 감사인지요.

눈을 뜨고 내가 살아있음에 감사드리고
움직일 수 있음에 감사해요. 살면서 감사는 립서비스 같은
가진 자들의 여유로운 전유물이라 생각했어요. 배부른 소
리처럼 감사라는 단어가 와닿지 않았어요.

다 가진 자들의 여유로운 전유물 같던 감사가 가진 것을 잃어보니 되려 참 감사함이 들어요.

아이가 없다고 생각하면 내 곁에 숨 쉬고 깔깔대고 웃고 엄마 엄마 부르는 소리도 소중하고 감사해요.

남의 편이라 생각했던 남편도 우리 곁에
없다고 생각하면 이렇게 옆에 있어주고 집에 잘 들어와 주고 아이아빠로 살아주고 아플 때 제일 먼저 달려와 주는 남의 편이지만 간헐적 내편같은 남편이
소중하고 감사해요.

이 세상에 내가 없어진다고 생각하면 지금의 나 자신이 얼마나 소중한지 몰라요.

살아있음에 감사하고 오늘도 눈떠서 밥을 먹을 수 있음에 감사하고 커피를 마시고 가족들과 웃을 수 있음에 감사해요.

자신이 못나 보이고 부족해보여 그렇게 애쓰며 살아왔고 노력한 자신이 기특해요.
이 세상에서 잘 살아내고 있는 자기 자신이 참 감사해요.

누구에게 의미 있는 존재가 되고 싶어 그렇게 용쓰며 살았는데 우리는 이미 의미 있는 존재예요.
아이에게 존재자체로 힘이 되는 엄마니까 말이에요.

삶은 계속 되고 우리는 살아있어요. 삶은 생명과 연결되어 우리를 존재하게 해요. 로봇처럼 인공지능을 가진 AI와 우리의 유일한 차이점은 마음에서 나오는 뜨거운 눈물을 가졌다는 거잖아요.

뜨거운 눈물을 흘릴 수 있음에 감사해요. 나를 위해 남을 위해 뜨거운 눈물을 흘리며 감사함을 느껴요. 그게 내가 나로 살 수 있는 길이니까요.

과거의 자신에게 감사해요. 그때의 내가 없었다면 지금의 나도 없었으니까요.   지금의 내가 과거의 나에게 감사를 전해요.

먹고 싶은 거 있으면 먹고 보고 싶은 거 있으면 보고 살아요. 천년만년 살 것 같지만 자식도 다 커서 자기 자리 찾아가고 나면 나 자신이 나의 가장 따뜻한 친구가 되어줘야 하잖아요.

울고 싶으면 울어요. 억누르면 내 안에서 곪아버리잖아요.
바깥상처는 약 바르면 되지만 안으로 곪은 상처는 잘 보
이지도 않아요. 스크래치없이 아이 키울 수 없듯이 아프지
않고 살수 없어요.

아이의 눈물을 닦아주는 것처럼 자신의 눈물도 따뜻하게
닦아줘요. 자신의 슬픔을 꼭 껴안아줘요. 눈물을 흘린다는
건 자신의 아픈 마음에 밴드를 붙여주고 상처를 치료해준
다는 거잖아요.

그렇게 살았던 것 같아요. 넘어지고 아프고 피나면 왜 그
랬냐고 혼내며 자책하고 후회하고 눈물 참으며 벌떡 일어
났어요.

못난 자신을 탓하며 다신 돌부리에 걸려 넘어지지 말아야
지 다짐하고 다른 사람보기 부끄럽다 여기며 탓하며 살았
어요. 넘어지고 아프고 피나면 아이에게 하는 것처럼 우리
그렇게 해봐요. 괜찮니? 피가 나잖아 아프진 않아? 호~해
주던 그때처럼 약 바르고 밴드붙이며 상처 덧나지 않게 치
료해줘요.

그렇게 자신의 삶을 살아가다보면 어느 날 자신의 옆에서 같이 웃으며 걸어가고 있는 따뜻한 시선으로 보고 있는 자신이 있을 거예요.

엄마의 눈물을 응원해요.

엄마의 눈물을 응원해요

아이의 눈물을 닦아주는 것처럼

자신의 눈물도 따뜻하게 닦아줘요

자신의 슬픔을 꼭 껴안아줘요

눈물을 흘린다는 건

자신의 아픈 마음에 밴드를 붙여주고

상처를 치료해준다는 거잖아요

울고 싶을 땐 울기로 해요

아플 땐 쉬기로 해요. 마음이 아플 때는 아프지 않으려고 아프면 안 된다대신 쉬기로 해요. 그래야 아픔을 견뎌낼 체력도 생겨요.

가족을 위한다는 것이 내 온몸을 갈아 넣는 것만이 가족을 위하는 건 아니니까요.

사랑도 넘치면 지쳐요. 너무 가까워도 지쳐요. 적당히 서로의 마음에 바람이 통하게 살아요.

아프면 아픈 대로 슬프면 억누르지 않고 눈물 삼키지 말아요. 그대로 자신을 인정해줘요.

울고 싶을 땐 실컷 울어요. 우는 데는 이유가 없어요.

이유를 찾으려하니 더 울 수가 없잖아요.

실컷 울고 나면 내마음에 쌓인 찌꺼기가 녹아 없어지고 다시 미소를 지을 수도 있어요. 다시 아이와 함께 웃을 수도 있어요.

삶을 좀 더 편안하게 받아들일 수 있었어요.
크리넥스 티슈 같았는데 조금은 단단한 카페티슈 같아졌어요.

눈을 감고 자신의 머리를 쓰담해보세요. 울컥해집니다.
잘 살아냈고 잘 살고 있어요.
같이 힘을 내고 우리 서로 의지하며 일상을 살아나가요.

자신에게 참 고맙다 말해줍니다.
OOO 너 참 고맙다.

소리내어 울지 못하는 엄마들에게

ⓒ노땅맘, 2023

발　행	2023년 2월 1일

지은이	노땅맘
펴낸이	최지훈
디자인	서민경
펴낸 곳	나다움북스
이메일	chlwlgns012@naver.com
ISBN	979-11-981859-0-7 (03000)
가격	가격 14,000원